聖書語から日本語へ

鈴木範久

教文館

はじめに

一五四九年、ザビエルによりキリスト教は日本にもたらされた。今から約四百数十年前、ザビエルの来日に始まるキリスト教の渡来は、日本に大騒動をひきおこした。キリスト教に対する弾圧と鎖国政策が、日本の歴史、社会、文化にもたらした影響は甚大だった。その余波は、信教の自由が保障された現代にも及んでいる。このことは、隣の韓国が、見方によればキリスト教国とみなされるほどキリスト教化がなされているのに比し、日本では、キリスト教の信徒数は、いまだ全人口の一パーセント前後にとどまっている現状によく示されている。近代に入ってもキリスト教は共産主義思想とならび、弾圧の後遺症を強くとどめている。

しかし、他方、信徒数こそマイナーな宗教にとどまっている日本のキリスト教であるが、一方で聖書は広く普及し、毎年、隠れたベストセラーになっている。このことは、日本聖書協会による聖書の発行部数によって判明するし、また、教文館から発行された『近代日本キリスト教文学全集』（一九七二―八二）が全一五巻にも及んでいる事実にも反映している。その結果、「聖書に出てくる言葉」が、実は日本語のなかに少なからず普及し、日本人のものの見方、社会のあり方に影響を与えている事実をもたらしている。「天国」、「復活」、「権威」、「奇跡」、「楽園」、「栄光」、「祝福」、「寛容」、「敬虔」などの言葉は、すっかり現代の日本人の常套語になっているし、その精神生活を豊かにしている。たとえば、「コロナで自粛していた歩行者天国が復活し商店街は祝福気分」という新聞記事があったように思う。右にあげた言葉だけみてもわかるように、日本人の生活を明るくし、豊かにし、希望の光を掲げたように思う。

　本書では、このような日本語訳聖書にはじめて登場する言葉を「聖書語」と名付け、その語例、用例をみることを通して、日本の言葉およびその意味への影響をみることにしたい。すなわち、その「聖書語」の「日本語」化を通して、それが、日本語はもちろん、日本人の精神世界に変化、多様化、ときには深化をもたらしたことへのはたらき、寄与をみようとするものである。キリスト教の影響を、ただ信徒数のみからみるのではなく、このように聖書の言葉の普及からみたい。

　そのための資料として、本書では、日本人の間に広く読まれた書物数十点を用いた。なかにはいわゆるベストセラーとなった書物も多い。ベストセラーになった書物を資料とした理由は、それらの書物が専門書と異なって比較的読みやすい言葉を用いて一般向きに書かれているためであり、聖書語の日本語化をみるに適した書物とみたからである。ただしベストセラーと言っても、二葉亭四迷の『浮雲』（一八九一）や尾崎紅葉の『金色夜叉』（一八九八）では、まだ本書でいう聖書語は見当たらない。やはり聖書語は聖書の流布と並行して用いられ普及したことが推察される。

なお、本書では聖書語として、聖書に用いられている近代の新しい日本語を中心としたが、実は、「神」、「主」、「愛」、「隣人」など、すでに日本語にはあっても、従来の意味内容を大きく変えた聖書語もある。これらの言葉は日本語訳聖書に用いられたことにより、それまでの概念を大きく変え、日本人の精神生活を広げ、深めている。これに関しては、別に述べたこともあるので、くわしい言及はそれらに譲り、ここでは省略したい（「「カミ」の訳語考」『講座宗教学4』東京大学出版会、一九七七。『日本キリスト教史』教文館、二〇一七など）。

筆者の聖書と日本語に関する仕事としては、過去に『聖書の日本語——翻訳の歴史』（岩波書店、二〇〇六）と『文語訳聖書を読む——名句と用例』（ちくま学芸文庫、二〇一九）の二書を刊行している。その二書と本書との関連につき一言しておきたい。

『聖書の日本語——翻訳の歴史』では、日本語訳聖書の成立過程が中心になり、最初の日本語訳聖書の作成までの歩みと、その過程における中国語訳聖書の影響が中心となった。したがって本書でみるような「日本語になった聖書語」に関しては、その初期の形成期を対象とするにとどまった。この段階ではまだ中国語訳聖書の言葉の影響が強く、聖書語は日本語として馴染んでいない。その後についても言及と例示は数ページにとどまった。

『文語訳聖書を読む――名句と用例』は、文語訳聖書の成立とあわせてその特徴や「魅力」を述べ、特に日本の文学作品を中心として愛好されている成句を採り上げた。たとえば「カイゼルのものはカイゼルに」（芥川龍之介『西方の人』）、「心は熱すれども肉体よわく」（太宰治『斜陽』）など。

これに対して本書『聖書語から日本語へ』は、いわゆるベストセラーとなった書物をとおして、ほとんど日本語化した聖書語を単語レベルで採り上げ、その日本語への普及と定着をみようとしたものである。いわば聖書語の定着と生活化である。資料としてベストセラーとなった書物を主とした理由は、聖書語の一般化をみるに適した書物とみたからである。

たとえば「教会」という言葉は、前書の段階では、中国語訳聖書にある「教会」という言葉が、そのまま用いられた。それが本書の段階では、中国語訳聖書の言葉またはキリスト教用語という意識は消えて、日本語としての「教会」になり、さらに堀辰雄の『風立ちぬ』においては、何気ない散策の途中で、はからずも出会う「教会」の描写がみられるように、すでに日本の風景化していると言ってよい。

したがって本書は、『聖書の日本語――翻訳の歴史』を前篇とするならば、その後篇すなわち第二弾の位置にあたる著作である。ただし、それぞれ出版社が異なって独立した著書としたために、相互に重複する部分や記述のあることはお許し願いたい。

目次

本篇　日本語になった聖書語　31

1　新約聖書の聖書語　36

結び　日本語になった聖書語の特徴　247

装幀　熊谷博人

序篇　聖書の日本語訳略史

ここでは本書へのアプローチとして、文字通りの「略史」にとどめるが、いくつか新資料による叙述もある（グリーン、松山高吉関係など）。

国外における日本語訳聖書の歩み

日本の聖書翻訳史にあたる代表的な著書としては、門脇清・大柴恒『門脇文庫　日本語聖書翻訳史』（新教出版社、一九八三）、海老沢有道『日本の聖書――聖書和訳の歴史』（講談社、一九八九）があり、加えて筆者も『聖書の日本語』（岩波書店、二〇〇六）を刊行しているので、ここでは若干の新知見を加えた略述にとどめる。

それにもかかわらず、やはりギュツラフ（Gützlaff, Karl F.A.）による最初の日本語訳聖書『約翰福音之伝』（一八三七、シンガポール）への言及は不可欠である。ギュツラフはドイツ生まれでイギリスの東インド会社の通訳としてマカオに勤務中、日本人船員音吉らの協力をえて本書を刊行した。ギュツラフは、すでに中国に来る前、ロンドンでロンドン伝道会のモリソン（Morrison,

Robert）にも会っていて、ギュッラフ自身、やがては日本への伝道も計画していたのであった。ギュッラフは、一八三七年、その聖書の日本語訳への協力者音吉らを日本に送還するために商船モリソン号に搭乗、かなうならば自身も日本での伝道を望んでいた。しかし、モリソン号は江戸沖にまで来航したが、日本側からの撃退にあい志を果たせなかった。

他方、琉球では、イギリスの海軍琉球伝道会の宣教師として、一八四六年から滞在していたベッテルハイム（Bettelheim, Bernard J.）により、聖書の琉球語訳が試みられ、一八五五年に『路加伝福音書』、『約翰伝福音書』、『聖差言行伝』、『保羅寄羅馬人書』が香港から刊行された。

宣教師の再来

一八五八（安政五）年、日米修好通商条約の成立とともに、日本の開国を待ちわびていた宣教師たちの来日が相次いだ。翌一八五九年だけでも、アメリカ監督教会のウイリアムス（Williams, Channing M.）、アメリカ長老教会のヘボン（Hepburn, James C.）、アメリカ・オランダ改革派教会のS・R・ブラウン（Brown, Samuel R.）、パリー外国宣教会のジラール（Girard, Prudence S.B.）らの名があげられる。

開国とともに宣教師たちは来日したものの、まだ日本ではキリスト教は禁教のままだった。そのため、まず、開教にそなえて日本語の学習につとめた。

国内における日本語訳聖書の歩み

禁教の解除を見込み、宣教師たちによる聖書の日本語訳が試みられ、まず、一八六一年に来日したアメリカ・バプテスト派教会のゴーブル（Goble, Jonathan）により、一八七一年に『摩太《マタイ》福音書』が刊行された。その翌一八七二年、ブラウンの協力をえたヘボンによる『新約聖書馬可《マルコ》伝』と『新約聖書約翰《ヨハネ》伝』、さらに一八七三年には『新約聖書馬太《マタイ》伝』が刊行された。

委員会訳聖書の刊行

以上述べたように聖書の翻訳刊行は、これまで個々に行われていたが、一八七二（明治五）年九月、横浜で開催されたプロテスタントの第一回宣教師会議において、聖書の翻訳が決定、翌年開催された宣教師会議において、委員としてアメリカ長老教会のヘボン、アメリカ・オランダ改革派教会のS・R・ブラウン、アメリカン・ボードのグリーン（Greene, Daniel C.）、アメリカ・

メソジスト監督教会のマクレー（Maclay, Robert S.）の四人が決定され、のちアメリカ・バプテスト教会のN・ブラウン（Brown, Nathan）も参加することになった。こうして翻訳委員社中訳聖書の分冊による刊行が始まる。ただし、全身の浸礼を主義とするバプテスト派のN・ブラウンは、バプテスマの訳語を「洗礼」とすることに反対、委員を辞して、一足先に一八七九年に『志無也久世無志与』を刊行した。

ところで翻訳委員たちが、聖書の翻訳にあたり、根拠とした聖書はギリシア語聖書とともに、いわゆる欽定訳の英文聖書であった。しかし、日本語訳にあたっては、中国語訳を参考にしたため、漢文力のある二人の日本人補佐役の果たした役割はきわめて大きい。その二人とは、ヘボンの補佐役の奥野昌綱であり、グリーンの補佐役の松山高吉であった。二人の協力により格調の高い日本文となったといえよう。そこで、ヘボン、S・R・ブラウン、グリーン、奥野昌綱、松山高吉について簡単に紹介しておきたい。

ヘボン（Hepburn, James C., 1815–1911）

一八一五年、アメリカのペンシルヴェニア州に生まれる。一八三二年、プリンストン大学を卒業してペンシルヴェニア大学に入学、医学を学ぶ。一八三八年、同州ノリスタウンで開業。一八四一年、宣教医として中国に派遣。シンガポールでマカオのモリソン記念学校長S・R・ブラウンと会う。また、同地でギュッラフ訳『約翰福音之伝』を入手。アモイで医療活動中、病気となり一八四五年に帰国。一八四六年、ニューヨークで開業。

一八五九（安政六）年、日本の開国により宣教医として来日（ギュッラフ訳『約翰福音之伝』を携行）。神奈川の成仏寺に住み、まもなくS・R・ブラウンと同居。医療事業を営む。一八六三（文久三）年、妻のクララ（Clara）が英学塾を始め、ヘボン塾として知られる。一八六七（慶應三）年、『和英語林集成』を刊行。一八七二（明治五）年、奥野昌綱の協力を受け、ブラウンとともに『新約聖書馬可伝』、『新約聖書約翰伝』を刊行。一八七三年、『新約聖書馬太伝』を刊行。

一八七三（明治六）年、キリシタン禁制の高札が撤去された。一八七四年三月、聖書翻訳委員社中訳の翻訳委員として、S・R・ブラウン、グリーンらとともに委員となる。奥野昌綱、松山高吉、高橋五郎を助手とする。社中訳による聖書翻訳は、完成ごとに個別に刊行された。一八八〇年、翻訳委員社中訳『新約全書』を完成し刊行、完成祝賀会を築地新栄教会で開催して講演。一八八二年、旧約聖書翻訳委員長に就く。一八八七年、旧約聖書翻訳完了。同年『旧新約全書』、翌一八八八年、『旧約全書』を刊行。一八八九年、明治学院初代総理に就任。一八九二年に帰国し、一九一一年死去。

一八八〇（明治一三）年に完成した『新約全書』のなかでヘボン訳とされるものは、次のとおり（題名上部にある「新約聖書」の文字は省略、以下同じ）。ただし、ヘボン訳とされたものには

S・R・ブラウンが協力しているし、グリーンの書簡をみると、グリーンも協力している（茂義樹ほか『新約聖書共同翻訳事業とD・C・グリーン』一九九〇）。したがって、このとき完成をみた『新約全書』は、正確にはやはり翻訳委員社中訳といってよい。また、ルビは便宜上、現行聖書に従った。

一八七六年　『路加《ルカ》伝』『希伯来《ヘブル》書』
一八七七年　『馬太《マタイ》伝』
　　　　　　『馬可《マルコ》伝』
　　　　　　『約翰《ヨハネ》伝』
　　　　　　『羅馬《ロマ》書』
一八七八年　『哥林多《コリント》前書』
　　　　　　『哥林多後書』
一八七九年　『以弗所《エペソ》腓立比《ピリピ》書』（ブラウンとの共訳）
　　　　　　『帖撒路尼迦《テサロニケ》前後書』
一八八〇年　『提摩太《テモテ》前後書提多《テトス》腓利門《ピレモン》書』（ブラウンとの共訳）
　　　　　　『雅各《ヤコブ》彼得《ペテロ》前後猶太《ユダ》書』

S・R・ブラウン（Brown, Samuel R., 1810–1880）

一八一〇年、アメリカのコネチカット州に生まれる。一八三二年、エール大学卒業。一八三六年、ユニオン神学校入学。一八三八年、同神学校を卒業しモリソン号で中国に向かい、一八三九年、マカオのモリソン神学校校長に就く。一八四一年、シンガポールでヘボンと出会う。一八四七年、妻の病気療養のためアメリカに帰国。ニューヨーク州で教会の牧師に就く。

一八五九年、フルベッキ（Verbeck, Guido H.）らとともに日本に向かい、到着後、ヘボンの住む神奈川の成仏寺に居住。一八六七年、帰国するが、一八六九年、新潟英学校の教師として再来日。翌年からは横浜に住み、一八七二年、横浜日本基督公会で奥野昌綱に授洗。聖書翻訳委員社中訳の翻訳委員長に就く。翌年、横浜にブラウン塾を開く。一八七九年、病気のため帰国。

一八八〇年刊『新約全書』中のブラウンの担当訳は次のとおり（ヘボンとの共訳とされるものはヘボンの項に記述）。

一八七七年　『使徒行伝《しとぎょうでん》』

一八八〇年　『約翰黙示録《ヨハネもくしろく》』

グリーン（Greene, Daniel C., 1843–1913）

一八四三年、アメリカのマサチューセッツ州に生まれる。ダートマス大学卒業後、シカゴ神学校、アンドーヴァー神学校に学ぶ。一八六九年、アメリカン・ボード（American Board for Foreign Missions）の宣教師として来日、神戸において伝道。一八七四年、摂津第一公会（のち神戸教会）を設立するが、聖書翻訳委員社中訳の翻訳委員として横浜に転じる。一八八一（明治一四）年、同志社の教授に就く。一九一三（大正二）年、神奈川県葉山において死去。

グリーンの担当訳は次の通り。

一八七七年　『約翰書《ヨハネ》』
　　　　　　『加拉太書《ガラテア》』

奥野昌綱（一八二三—一九一〇）

幕臣として江戸に生まれる。明治維新に際し彰義隊に参加。潜伏後の一八七一（明治四）年ころ、ヘボンの施療所の集会に出席していた小川義綏《よしやす》を知る。ヘボンが訳しS・R・ブラウンが訂正した『新約聖書馬可伝』（一八七二）、『新約聖書約翰伝』（同）、『新約聖書馬太伝』（一八七三）の刊行には、日本語の訳文はもちろん、印刷にあたってみずから木版の版下を書いたという。ヘボンが辞書出版準備のため上海出張中はS・R・ブラウンの助手となり、この間、中国語訳聖書を熟読、一八七二（明治五）年、横浜日本基督公会においてブラウンから受洗。また、翌一八七三年、宣教師会議の決定にもとづく新約聖書翻訳の開始にあたって、松山高吉とともに補佐役に選ばれた。同年ころから中国語訳聖書に訓点を付しはじめ、のち刊行（前編一八七八、全編一八七九）。一八七七（明治一〇）年、キリスト教の教師となり東京に赴任（奥野昌綱「予が信仰の実歴」『基督教世界』一〇二四、一九〇三年四月九日。黒田惟信『奥野昌綱先生略伝並歌集』一粒社、一九三六）。

一八八〇年に完成をみた『新約全書』に関する奥野の貢献は、後述するような同書におけるさまざまな工夫に反映している。

松山高吉（一八一七―一九三五）

越後に生まれる。京都で国史学を修め、一八七二年、キリスト教を探る目的で神戸の宣教師グリーンに就く。グリーンが聖書翻訳委員となるにしたがい、その助手となる。新約聖書全文の翻訳は一八七九年一一月三日に終了。松山が全訳稿の見直しを行い、その作業は同年一二月二日に終了したとされる。当時、奥野はすでに東京に去っていたため、見直しは松山が中心となって行われたと思われる（田中豊次郎『松山高吉先生と聖書和訳』草稿、一九三八。溝口靖夫『松山高吉』松山高吉記念刊行会、一九六九。松山高吉史料選集編集委員会編『松山高吉史料選集』第一巻、二〇一九、かんよう出版）。

（上段）D.C. ヘボン、（中段右）S.R. ブラウン、（下段右）奥野昌綱、
（中段左）D.C. グリーン、（下段左）松山高吉

このようにして、それまで分冊で刊行されていた聖書は、一八八〇（明治一三）年、まとめて一冊本『新約全書』（米国聖書会社など）として刊行をみるにいたる。

『新約全書』の特徴

一冊本としてはじめて刊行された『新約全書』を見ると、奥野らによる苦心の跡が種々の特徴となって表れている。その幾つかを「馬太伝」によってみることにしよう（次の例のうち幾つかの傾向は、すでに一八七三年に刊行された木版の『新約聖書馬太伝』にも表れている）。

●漢字には音でなく訓によるルビ

アブラハムの裔《こ》（一・一）

嬰児《をさなご》の居所《をるところ》にいたり（二・九）

思念《おもひめぐら》せる時（一・二〇）

●くりかえし出てくる語には最初の語にルビを付し、次は省略（ただし、文節が変わると同様に最初の語にルビを付し、次は省略をくりかえしている）。

アブラハムイサク生《うみ》イサクヤコブを生（一・二）

●くりかえし出てくる語を漢字とかなに分けるなどの変化を与えている。

　心の貧《まづし》き者は福《さいはひ》なり天国は即《すなは》ち其人《ひと》の有《もの》なれば也《なり》（五・二）

「なり」と「也」、すなわちかなと漢字と双方を用いることによって変化させている。

　裏衣《したぎ》を取《とら》んとする者《もの》には外服《うはぎ》をも亦《また》とらせよ（五・四〇）

「取ん」と「とらせよ」。同上。

　明日《あす》の事を憂慮《おもひわづらふ》なかれ明日《あす》は明日《あす》の事を思《おもひ》わづらへ（六・三四）

「憂慮《おもひわづらふ》」と「思《おもひ》わづらへ」として漢字を使い分けている。

　視《みれ》ども見《み》ず（一三・一四）

同じようだが「視」と「見」とを使い分けている。ただし英訳聖書でも前者は‘see’であるが後者は‘perceive’となっている。

●漢字に付したかなのルビにより、その言葉に二つの意味をもたせる。

爾曹のうち一人われを売《わたす》なり（二六・二一）

すなわち、イエスがその最後にユダの裏切りにより捕らえられることを予言した言葉であり、そのなかで、「売《わたす》」の一字でユダが役人にイエスを引き渡すことと売り渡すこととを合わせた表現になっている。

天使《つかひ》こたへて婦《をんな》に曰けるは爾曹《なんぢら》おそるる勿《なか》れ（二八・五）

天使に「つかひ」のルビをふることにより、使いの役と天使の身分とを合わせもたせている。

●人名は単線の傍線、地名には複線の傍線を付して節と節との間は一字分空け右端に節数のみ付記。

十八孕みたること顕れければ　十九夫ヨセフ（一・一八―一九）

●中国語訳にない語（中国語訳では「餅」が多い）

パン（四・三）

ただし、以上のような特徴は、松山高吉が助手をつとめたグリーン担当『加拉太書』でみると、ほとんど無い。したがって、その多くは奥野が助手をつとめた福音書などによるものとみてよいだろう。

ここで、本書では直接対象とはしていないが、旧約聖書の翻訳についても略述しておきたい。

旧約聖書の翻訳

その後、旧約聖書も一八七六（明治九）年に東京聖書翻訳委員会が組織され、その実質的な活動は、一八七八年に設けられた常置委員会のヘボン、グリーン、フルベッキ、ファイソン（Fyson, Philip K.）によって進められた。これには、やはり松山高吉、井深梶之助、植村正久らが協力、分冊で刊行ののち、一八八八（明治二一）年に一冊本の『旧約全書』としてまとめられた。

この後、他教派の翻訳としては、日本ハリストス教会のニコライによる『我主イイスス ハリストスノ新約』が一九〇一（明治三四）年、カトリック教会の『我主イエズス キリストの新約聖書』が一九一〇（明治四三）年に刊行された。

付録としての詩篇

旧約聖書のなかでも詩篇は、新約聖書だけを収めた英訳聖書でも付されて「詩篇付」として刊行されたものが少なくない。これは礼拝にあたり詩篇の朗唱される機会が多かったためだろう。日本語訳聖書においても、一八八八（明治二一）年の『旧約全書』の刊行に従い、そのなかの詩篇のみを早速翌一八八九年には付録として収めた『引照 新約全書 詩篇附』が刊行されている。したがって、詩篇の言葉のなかには日本語として親しまれている言葉も少なくない。そのため、本書では日本語になった聖書語として、詩篇の言葉を加えた。

旧約聖書のなかの詩篇の日本語訳については、早くからC・M・ウイリアムスにより手がけられ、暫くして親友のフルベッキと共訳したものが『旧約全書』に収められた。その日本語訳には、松山高吉、植村正久の協力によるところが大きいことは、訳文を見ても容易に想像されるであろう。

ただし、後述するように新約聖書については全面的な改訳が行われたが、旧約聖書は戦後の一九五五（昭和三〇）年まで行われなかった。代わって、一九一四（大正三）年ころ、名称を『旧約全書』から『旧約聖書』と改めるとともに、漢字を増したものが発行された。

新約聖書の改訳

横浜および東京の宣教師が中心となって翻訳が進められ刊行された『新約全書』および『旧約全書』につき、その刊行直後から早くも改訳の声が起こっていたが、一九〇六（明治三九）年、あらたに成立した日本基督教会同盟のもとで、具体化に着手、グリーン、ダンロップ（Dunlop, John G.）、フォス（Foss, Hugh J.）、別所梅之助、松山高吉による改訳委員会が組織され、一九一〇年、第一回会合を開催した。その後、グリーン、松山、別所を中心に訳業が進められ、一九一七（大正六）年一〇月五日『改訳 新約聖書』（米国聖書会社）として発行された。先の委員会訳聖書が、中国語訳聖書の影響を強く受けていたのに比して、この改訳は松山によると「平易通俗ニシテ口語ニ近カラシムル事」を目ざしたこともあって「大正改訳」として広く親しまれた。

すなわち、聖書の日本語訳については、ともすれば外国人宣教師に目が注がれがちであるが、その助手役だった奥野昌綱の漢文力と松山高吉の国文力に負うところが大きいことを強調しておきたい。加えて改訳新約聖書では別所梅之助の国語力を忘れることができない。そのため別所梅之助の経歴に関しても略述しておきたい。

新約聖書改訳委員（1917 年刊行時の集合写真）（画像提供日本聖書協会）
（左から）C.K. ハリントン、別所梅之助、F.J. フォス、C.S. デヴィソン、松山高吉、川添万寿得、D.W. ラーネッド

別所梅之助（一八七二—一九四五）

東京出身。東京英語学校に学ぶ。一八八七（明治二〇）年、神田小川町にあった美以教会において牧師石坂亀治から受洗。一八八九年、東京英和学校英和神学科に入学。同校を一八九二年に卒業し豊橋美以教会に牧師として赴任。のち『護教』の主筆をへて青山学院教師に就く。『武蔵野の一角にたちて』（警醒社書店、一九一五）、『霧の王国へ』（警醒社書店、一九一六）、『朝のおもひ』（創元社、一九四〇）などの著作も多い。聖書の改訳に関しては、『聖書改訳委員会記録』（青山学院大学所蔵）を遺した。

その後、日本聖書協会から、『口語 新約聖書』（一九五四）、プロテスタントとカトリック双方の協力による『新約聖書 共同訳』（一九七八）、『聖書 新共同訳』（一九八七）、最近では『聖書 聖書協会共同訳』

（二〇一八）まで刊行されている。

このほか、ニコライ訳『我主イイスス　ハリストスノ新約』（一九〇一）、ラゲ訳『我主イエズスキリストの新約聖書』（一九一〇）、新改訳聖書刊行会による『新約聖書　新改訳』をはじめ、多くの教派訳、個人訳も刊行されている。

本篇　日本語になった聖書語

凡例

一、本書では、次の聖書を用いた。
『新約全書』大英国聖書会社、一八八〇年（以下「元訳」と略記）
『改訳 新約聖書』米国聖書会社、一九一七年（以下「改訳」と略記）
『旧約全書』米国聖書会社、一八八九年（以下「元版」と略記）
『旧約聖書』米国聖書会社、一九二九年（一九一四年に『旧約全書』から書名を変更。その後、訳を改訂。以下、「改訂版」と略記）

二、聖書語の掲載順は、最初に「聖書」、「福音」を取り上げたほかは、新約聖書による収録順にした。したがって同じ福音書でもマタイ伝の言葉が多い。そのあとに新約聖書に付されることの多い旧約聖書の「詩篇」を加えた。日本語への影響という意味で、旧約聖書は直接の対象には加えなかったが、新約聖書の文中に用いられている語句は採用してある。

三、聖書語の見出しの読みは、元訳の読みを（　）に入れた。

四、聖書引用のルビは、原本のママとした。

五、用例とした文学作品の引用文は、原則として初版によることにしたが、初版に近い作品を収録した全集本によったものもある（詳しくは「付篇　主要参考作品の著者一覧」参照）。

六、引用文の漢字は新字体を使用。傍付の圏点などは省略した。また、総ルビのものは、パラルビ

（部分的なルビ）とし、引用者によるルビには（　）を付した。
七、用例は、参考作品全体から網羅的に収めたものではなく例示にすぎない。
八、適切な用例が文学作品に見出されなかった語は、聖書の語句のみを掲げた。
九、国語辞典は、『言海』（大槻文彦編、一八八九―一八九一、全四冊）および、同書復刻版（ちくま学芸文庫、二〇〇四）を用いた。
一〇、読者の便宜のため、次頁に新約聖書の目次対照表を収録する（旧約聖書については、参考資料として巻末に収録する）。

新約聖書　目次対照表

新約全書（元訳、一八八〇）	改訳　新約聖書（一九一七）	新約聖書（口語訳、一九五四）	新約聖書（新共同訳、一九八七／聖書協会共同訳、二〇一八）
馬太傳福音書	マタイ傳福音書	マタイによる福音書	マタイによる福音書
馬可傳福音書	マルコ傳福音書	マルコによる福音書	マルコによる福音書
路加傳福音書	ルカ傳福音書	ルカによる福音書	ルカによる福音書
約翰傳福音書	ヨハネ傳福音書	ヨハネによる福音書	ヨハネによる福音書
使徒行傳	使徒行傳	使徒行伝	使徒言行録
羅馬書	ロマ人への書	ローマ人への手紙	ローマの信徒への手紙
哥林多前書	コリント人への前の書	コリント人への第一の手紙	コリントの信徒への手紙一
哥林多後書	コリント人への後の書	コリント人への第二の手紙	コリントの信徒への手紙二
加拉太書	ガラテヤ人への書	ガラテヤ人への手紙	ガラテヤの信徒への手紙
以弗所書	エペソ人への書	エペソ人への手紙	エフェソの信徒への手紙
腓立比書	ピリピ人への書	ピリピ人への手紙	フィリピの信徒への手紙
哥羅西書	コロサイ人への書	コロサイ人への手紙	コロサイの信徒への手紙

帖撒羅尼迦前書	テサロニケ人への前の書	テサロニケ人への第一の手紙	テサロニケの信徒への手紙一
帖撒羅尼迦後書	テサロニケ人への後の書	テサロニケ人への第二の手紙	テサロニケの信徒への手紙二
提摩太前書	テモテへの前の書	テモテへの第一の手紙	テモテへの手紙一
提摩太後書	テモテへの後の書	テモテへの第二の手紙	テモテへの手紙二
提多書	テトスへの書	テトスへの手紙	テトスへの手紙
腓利門書	ピレモンへの書	ピレモンへの手紙	フィレモンへの手紙
希伯來書	ヘブル人への書	ヘブル人への手紙	ヘブライ人への手紙
雅各書	ヤコブの書	ヤコブの手紙	ヤコブの手紙
彼得前書	ペテロの前の書	ペトロの第一の手紙	ペトロの手紙一
彼得後書	ペテロの後の書	ペトロの第二の手紙	ペトロの手紙二
約翰第一書	ヨハネの第一の書	ヨハネの第一の手紙	ヨハネの手紙一
約翰第二書	ヨハネの第二の書	ヨハネの第二の手紙	ヨハネの手紙二
約翰第三書	ヨハネの第三の書	ヨハネの第三の手紙	ヨハネの手紙三
猶太書	ユダの書	ユダの手紙	ユダの手紙
約翰默示録	ヨハネの默示録	ヨハネの黙示録	ヨハネの黙示録

1　新約聖書の聖書語

聖　書（せいしょ）

イエス彼等《かれら》に曰けるは聖書《せいしょ》に工匠《いへつくり》の棄《すて》たる石《いし》は家《いへ》の隅《すみ》の首石《おやいし》となれり
（元訳、馬太伝二一・四二）

イエス言《い》ひたまふ『聖書《せいしょ》に、
造家者《いへつくり》らの棄《す》てたる石《いし》は、これぞ隅《すみ》の首石《おやいし》となれる
（改訳、マタイ伝同）

聖書という言葉につき、松浦史料博物館（長崎）発行の『楽歳堂新増書目』によると、イギリスの聖書学者ヘンリー（Henry, Matthew）の聖書注解書（一七八九年入手）のオランダ語訳書につき、松浦静山が「テスタメントハ石橋ガ訳云、聖書ナリ……」との説明をしているという（海老沢有道『日本の聖書』講談社学術文庫、一九八九）。そうとすると、一七八九年から程ない時期に「聖書」という言葉が使われていることになる。

中国では、モリソンが一八二三年に発行した『神天聖書』にその言葉が見られる。

日本では、ヘボンおよびブラウンにより一八七二年に刊行された『新約聖書馬可伝』および『新約聖書約翰伝』が早期の用例だろう。以後、翻訳委員社中訳として、一八七六年から分冊で刊行された訳書はいずれも「新約聖書」の言葉を冠している。ただし、一冊本としてまとめて一八八〇（明治一三）年に刊行された時は『新約全書』であった。これは、日本の翻訳委員会が参考にした中国における聖書が英米ともに『新約全書』と題されていたためであろう。

「聖書」という言葉はこうして日本のなかで広まり、その英語名のバイブルは、「料理のバイブル」などのように広く用いられるようになった。

幸徳秋水は『帝国主義』（一九〇一）において、「明治聖代に於ける日本国民の愛国心」が、「人の口を箝《かん》する也、人の肘を掣《せい》する也、人の思想をすらも束縛する也、人の信仰にすらも干渉する也、歴史の論評をも禁じ得る也、聖書の講究をも妨げ得る也、総ての科学をも砕破することを得る也」と人の言動一切を束縛する至上的存在であったことを批判。愛国心が「聖書の講究」の妨害になっていると言う。

和辻哲郎は『風土』(一九三五)において、哲学者ヘルデル(Herder, Johann Gottfried von)の思想に言及、それは「自然に於ける神の歩み」を「聖書」とすることを説いたとみる。

家永三郎は『一歴史学者の歩み』(一九六七)のなかで、日本の思想史研究において親鸞に言及しているところで「親鸞と聖書とを通じて、私は宗教の問題と真剣に取り組むようになった」と回顧し、ロマ書の教えと親鸞の教えとの一致を述べている。

加藤周一は『羊の歌』(一九六八)において学生時代の読書にふれ「殊に『海辺の墓地』と『レオナルド・ダ・ヴィンチの方法序説』は、その頃の私の聖書であった」と、ヴァレリーの両書を「聖書」として比喩的に述べている。このように愛読書を「聖書」と言う使い方は他にも多い。

野上弥生子の小説『森』(一九八五)には、明治女学校をモデルとした日本女学院が登場する。同校では月曜日の朝になると校長岡野直巳(巖本善治がモデル)の講話があった。聴講者は「聖書と讃美歌集を膝」において待っていた。

水村美苗の『日本語が亡びるとき』(二〇〇八)には、「聖書」がヨーロッパで出回った理由につき、それが単に「聖典」であるだけでなく「商品」として、すなわち流通価値をも合わせ有したことを指摘している。読まれるべき内容とともに、どれほど売れる「商品」であるかを兼ねていた書物であったという。

さらに今日では信仰を別にして、前述の加藤周一の『海辺の墓地』などのように、愛読書を「この本はわたしの聖書です」という言葉を聞くことが多い。いくらか昔の話になるが松田道雄の『私は赤ちゃん』(岩波新書、一九六〇)が世に出たとき、「育児の聖書」とか「育児のバイブル」と評された時期があった。親元を離れ若夫婦だけの新世帯のふえた時期であった。ほかにも「料理の聖書」、「書道のバイブル」のように一般用語化し、今日では、その道の奥義書のように使われている。

福音（ふくいん）

馬太伝福音書　(元訳)
マタイ伝福音書　(改訳)

天国の福音《ふくいん》を宣伝《のべつたへ》　（元訳、馬太伝四・二三）
御国《おくに》の福音《ふくいん》を宣《の》べつたへ　（改訳、マタイ伝同）

福音または福音書という言葉は、ギュツラフによる最初の日本語訳聖書『約翰福音之伝』（一八三七）以後、ゴーブル訳『摩太福音書』（一八七一）などに用いられ、広く流布した。

イエスの教えは、当時の人々にとっては、よい便り、よいメッセージとして捉えられた。日本では一八七六年に『喜の音《よろこびおとづれ》』と題された児童向け雑誌が刊行されていたが、そのように「福音」という言葉はよろこびの知らせと解された。

徳富蘇峰の『将来之日本』（一八八六）では、アダム・スミスの『国富論』が、国家間の貿易につき、それが決して片方だけの利益でなく双方の利益を両立させることを述べた書物とし「実ニ一千七百七十六年ニ於テ始メテ世界ニ出テタル氏カ一篇ノ富国論ハ貿易世界ノ福音書ト言ハサル可ラス」と記し、早くも福音書という言葉を比喩的に用いている。

宮崎八百吉（湖処子）の『帰省』（一八九〇）には、創造された天地において「雲井の雲雀は天上の福音を伝ふる天女の如《ごと》く、囀《さえず》り上り、囀り下れり」との故郷の情景が記されている。

内村鑑三は、著書『後世への最大遺物』（一八九七）のなかで、キリスト教信徒になってまもなく、ある牧師から「君は福音の為に働き給へ」と勧められたと述べている。これは、キリスト教を伝える仕事、すなわちキリスト教の伝道者、牧師などになることである。

幸徳秋水は『帝国主義』（一九〇一）において、もしも帝国主義が「自由と正義」、「博愛と平等」とを掲げ、この理想に向かって進むものならば、「此主義や実に社会人類の為めに天国の福音也、我は喜んで之が為めに執鞭の士たるを甘んぜん」と思うと述べる。しかし、その実態は「迷信」、「狂熱」、「争闘」などの「害毒」を流すものであると批判した。

徳富健次郎（蘆花）の『思出の記』（一九〇一）には、主人公は友人から上京を勧める手紙に接し「天外の福音を聞くの感があつた」と記されている。

中村光夫は『日本の近代小説』（一九五四）のなかで、福沢諭吉の『学問のすゝめ』（一八七二）は「人は生れながらにして貴賤貧富の別なし唯学問を勤て物事をよく知る者は貴人となり富人となり無学なる者は貧人となり下人となるなり」と説いたことにより「新時代の福音書とされた」と述べている。

遠藤周作の『沈黙』（一九六六）では、主人公「セバスチャン・ロドリゴの書簡」の見出しで各章が始まる。ロドリゴ来日前、マカオでの描写に次の文章がある。

「汝等《なんじら》、全世界に往きて、凡《すべ》ての被造物に福音を宣べよ。信じ、洗せらるる人々は救われ、信ざる人は罪に定められん」使徒たちが会食している場所に復活の姿を現わしてこう宣べられた基督。

ここには、「福音」、「使徒」、「復活」などの聖書語が述べられている。遠藤が『沈黙』において用いた聖書は、カトリックによる最初の日本語訳聖書とされるラゲ訳の『我主イエズス キリストの新約聖書』(一九一〇)であった。

このように「福音」という言葉は、キリストによる「よい知らせ」である。それが、のちにはキリスト教と関係はなくても「よい知らせ、よい便り」の語義により、難病の人によい薬が開発されると、「これは患者にとって福音だ」というように、朗報にも用いられるようになる。それも、ただの朗報とか吉報というよりは、「福音」の方が、なにか「祝福されたよい知らせ」のように映じる。

聖　霊（せいれい）

其母《はは》マリアはヨセフと聘定《いひなづけ》を為《なせ》るのみにて未《いま》だ偕《とも》にならざりしとき聖霊《せいれい》に感《かん》じて孕《はらみ》しが其孕《はらみ》たること顕《あらは》れければ（元訳、馬太伝一・一八）

その母《はは》マリヤ、ヨセフと許嫁《いひなづけ》したるのみにて、未《いま》だ偕《とも》にならざりしに、聖霊《せいれい》によりて孕《みごも》り、その孕りたること顕《あらは》れたり（改訳、マタイ伝同）

イエスの生誕につき聖書には右のように記されている。ここで用いられている「聖霊」の言葉は、大槻文彦の『言海』（一八八九―九一）には次のように記されている。

しやうりやう〔聖霊　精霊〕仏家ノ語、死者ノ霊《タマシヒ》、今、専ラ、七月ノ盂蘭盆会《ウラボンヱ》ニ祭ルニ就キテイヒ、――祭リナドイフ、（うらぼんノ条ヲ見ヨ）

愛知県の山村の共同墓地にある一基の墓石には「聖霊」の文字が刻まれている。その集落はほとんど浄土真宗の門徒により構成されているからキリスト信徒はいない。墓石の「聖霊」は「しょうりょう」と読み、意味は先祖の霊とみてよい。一般には盆行事において先祖の精霊《しょうりょう》が帰るとされるから、その墓石の「聖霊」は精霊と同義語と考えられる。

しかし、聖書の「聖霊《せいれい》」は父と子と聖霊とを三位一体とする「神」のひとつの役割、またははたらきとされ、先祖の霊とは異なる。今日では、学校名にも聖霊学園があるように、キリスト教用語として一般化している。

内村鑑三は、「聖霊」について、『後世への最大遺物』（一八九七）のなかで聴衆に向かって次のように語っている。

イエス、キリストの御名に依つて、此神の御名に依つて、聖霊の御名に依つて、教会の為に、国の為に、世界の為に、君よ金を溜め玉へ

三浦綾子の小説『氷点』（朝日新聞社、一九六五）には医学生時代の啓造が、聖書にあるマリアの懐胎につき「聖霊による処女の妊娠なんて、まっぱじめから書いてあるのでは、聖書も怪しいものだ」と仲間と話し合った回想が記されている。

義　人（ただしきひと、ぎじん）

其孕《はらみ》たること顕《あらは》れければ　夫《をつと》ヨセフ義人《ただしきひと》なる故《ゆゑ》に之を辱《はづか》しむることを願《このま》ず密《ひそか》に離《り》縁《えん》せんと思《おも》へり

（元訳、馬太伝一・一八―一九）

その孕《みごも》りたること顕《あらは》れたり　夫《をつと》ヨセフは正《ただ》しき人《ひと》にして之《これ》を公然《おほやけ》にすることを好《この》まず、私《ひそか》に離縁《りゑん》せんと思《おも》ふ

（改訳、マタイ伝同）

義人《ぎじん》は信仰に由《より》て生《いく》べし

（元訳、羅馬伝一・一七、加拉太書三・一一）

義人《ぎじん》は信仰《しんかう》によりて生《い》くべし

（改訳、ロマ書同、ガラテヤ書同）

旧約全書の哈巴谷《はばくく》書二章四節に「義《ただし》き者《もの》はその信仰《しんかう》によりて活《いく》べし」とある。正しい人とは、一般には、行為の立派な人であるが、そのような通念に対し、行為よりも心のありかた、すなわち「カミ」に対する信仰が義人かどうかの決めてとする。なぜなら善行には偽善があるからであ

ろう。いわゆる信仰義認論という考え方である。

新約聖書では、「義人」は「神」の前に正しいとされる人間である。マリアの夫ヨセフのばあい、婚約はしていたが「義人《ただしきひと》なるが故《ゆゑ》」に婚前交渉はなかった。そのため妊娠したマリアと婚約解消まで思いつめていたところへ、「神」の使いが現れてマリアの懐胎は前述の「聖霊」によるという。その使いのお告げによりヨセフは婚約解消を思いとどまりマリアと結婚する。

これに対し、『言海』には「義士」はあるが「義人」はない。「義士」には「義ヲ守リ行フ士」とのみある。その「義」とは何かとなると、時代、社会によって異なることになる。おそらく「赤穂義士」のばあいは主君に対する「忠義」のみを守り行った臣たちになろう。

やがて日本でも忠臣蔵にとどまらず、広く社会で苦しむ人々のために闘う人を佐倉宗吾のように「義人」と称する傾向がみられた。足尾鉱毒事件で活躍した田中正造を「義人田中正造」とする呼称には伝説的な義人佐倉宗吾の投影がみられる。ただし、田中は、晩年にはキリスト教信徒となり愛読した聖書も遺されている。

一般に「正しい人」とはその人の立派な行為によるとされている通念に対し、「義人は信仰に由て生《い》くべし」と、行為よりも心のありかた、すなわち信仰が基準とみる。いわゆる信仰義認論という考え方である。なぜなら善行には偽善がともなうからであろう。

三木清は『人生論ノート』（一九四一）において「Ira Dei（神の怒）」について述べ、「なんといふ恐しい思想であらう、またなんといふ深い思想であらう」と記したのち、「切に義人を思ふ。義人とは何か、――怒ることを知れる者である」と明言する。さらに言う。「神の弁証法は愛と憎みの弁証法でなくて愛と怒の弁証法である」。この言葉は「ユダヤの預言者なしにキリストは考へ得るであらうか。旧約なしに新約は考へ得るであらうか」との思いに導く。このように現在では「義人」は、以前の「義士」の内容が社会的、時代的な枠組みに止まるのに対し、「神」の眼による存在という旧約聖書的なニュアンスをともなう。

祭司（さいし）

凡《すべて》の祭司《さいし》の長《をさ》と民の学者《がくしや》とを集《あつめ》てヘロデ問《とひ》けるはキリストの生《うま》るべき處《ところ》は何所《いづこ》なる乎《や》

（元訳、馬太伝二・四）

王《わう》、民《たみ》の祭司長《さいしちやう》・学者《がくしや》らを皆《みな》あつめて、キリストの何処《いづこ》に生《うま》るべきを問《と》ひ質《ただ》す

（改訳、マタイ伝同）

「ユダヤの王」たるキリストが生まれたとの噂を聞いたヘロデ王は、この後、二歳以下の男の子すべての殺害を命じる。

『言海』に「祭祀」はあっても「祭司」はない。聖書では、ユダヤ教の職業的宗教者をいうが、和辻哲郎は著作『風土』（一九三五）において、インドの「ヴェダ」では「戦士は同時に祭司であつた」といい、「祭司」という言葉を、ユダヤ教のみでなく他宗教も含めて職業的宗教者に対する一般宗教用語として用いている。したがって日本のばあいでは、天皇は皇室祭祀においては祭司をつとめるという言い方もなされる。

土居健郎は『「甘え」の構造』（一九七一）のなかで、ベトナム戦線から脱走したアメリカ兵に対する「ニュー・レフトの活動家たちは自分たちにも、喩え話の中の祭司やレビ人のごとく、強盗に遭って半死半生の被害者を「見て見ぬふりをしたい気持が潜んでいることを認め」る。しかし、被害者を実際に助けるのではなく、被害者と同一化し「悪の攻撃」をする心理に「甘えの心理」をよみとる。すなわち、罪悪感よりも連帯感の強調があるとみる。

今日でも、教会の牧師や神父につき「祭司的」と言われる評価があるし、一般社会でも、ただ職業として勤めているだけにとどまる教員は、同じように「祭司的」と評されて歓迎されない。

預言者（よげんしゃ）

ヨセフ起《おき》て夜《よる》嬰児と其母《はは》とを挈《たづさ》へエジプトに往《ゆき》　ヘロデの死《しぬ》るまで其所《そこ》に止《とどま》れり是《これ》主預言者《よげんしゃ》に託《より》て我《われ》わが子をエジプトより召出《よびいだ》せりと云給《いひたま》ひしに応《かなは》せん為《ため》なり
（元訳、馬太伝二・一四、一五）

ヨセフ起《お》きて、夜《よ》の間《ま》に幼児《をさなご》とその母《はは》とを携《たづさ》へて、エジプトに去《さ》りゆき、ヘロデの死《し》ぬるまで彼処《かしこ》に留《とど》りぬ。これ主《しゅ》が預言者《よげんしゃ》によりて『我《われ》エジプトより我《わ》が子《こ》を呼《よ》び出《いだ》せり』と云《い》ひ給《たま》ひし言《ことば》の成就《じやうじゅ》せん為《ため》なり
（改訳、マタイ伝同）

日本では予言者はいたが「神」の言葉を預かって説く預言者はいなかったとされる。発音は同じでも「預」と「予」は相違して両者は使い分けられるようになった。

右の新約聖書の話は旧約聖書何西亜書《ほせあ》一一章一節の「イスラエルの幼《をさな》かりしとき我《われ》これを愛《あい》しぬ我《われ》わが子《こ》をエジプトより呼《よび》いだしたり」によっている。

また新約全書全体では、次の記事のように「預言者イザヤ」に関する記述もある。

是《こ》は主《しゅ》の道《みち》を備《そなへ》その路線《みちすぢ》を直《なほく》せよと野《の》に呼《よべ》る人《ひと》の声《こゑ》ありと預言者《よげんしゃ》イザヤが言《いひ》し人なり

（元訳、馬太伝三・三）

「なんぢら悔改《くいあらた》めよ、天国《てんこく》は近《ちか》づきたり」これ預言者《よげんしゃ》イザヤによりて、斯《か》く云《い》はれし人《ひと》なり。曰《いは》く、

『荒野《あらの》に呼《よば》はる者《もの》の声《こえ》す「主《しゅ》の道《みち》を備《そな》へ、その路《みち》すぢを直《なほ》くせよ」』（改訳、マタイ伝同）

あるいは、

預言者《よげんじゃ》その家郷《ふるさと》にては敬重《たふとま》るる者に非《あら》ず

（元訳、路加伝四・二四）

イエスが故郷のナザレを訪れると、人々は「ヨセフの子に非《あらず》や」すなわち「あの大工のヨセフの息子でないか」と軽んじた。これに対して語った言葉で、一般には「預言者故郷にいれられず」としてことわざ化している。

前掲大槻の『言海』には「豫言」については「預メ推シ量リテ言フコト」とあるが「預言」の

語彙はない。この説明では「預メ」の文字を用いながら、預かる意味はなく先に前もって言うだけにとどまる。これに対し新約聖書では、預言者は右のように「神」から召命を受けその意志を人に伝える人の意味で用いられている。予言者は、出来事を前もって告げるだけにとどまるが、預言者は「神」の言葉あるいは意志を預かって前もって指示する。

しかし、預言者と予言者との相違を意識的に明らかにした文章は少ない。国木田独歩の『欺かざるの記』（一九一八）では、「吾今にして初めて哲学者と詩人、論理家と予言者との間に大なる隔離のある事を知りぬ」と述べているが、この「予言者」は旧約聖書の言う「預言者」である。また、和辻哲郎の『風土』（一九三五）では、イスラエル民族において、「ヤーヴェ」がまさに「沙漠」の風土を通じて、「ヤーヴェは一部族の神ではなく沙漠的人間の神となつたのである。それはこの民族の苦難と多くの予言者の熱信とを通じて、ますます明らかな形に結晶して行つた」とやはり「予言者」の文字を使っている。

なお、近代の日本で「預言者」にふさわしい人物となると内村鑑三や矢内原忠雄になろうか。筆者の手元には、矢内原忠雄が「国家の理想」を発表した『中央公論』一九三七年九月号の本誌がある。当局による多くの伏せ字が加えられたものだが、矢内原はイザヤ書からかなり長い言葉を引用して次のように述べている。

その視界が当面現実の世界を出でざる国民の中に於て、国家の根底たる理想を見、それに基づきて現実の気趨を見做す者は預言者である。預言者は孤独である。併し乍ら国の永遠の礎は彼によつて支持せられるのであつて、理想を無視して当面の画策を専とする輩によるのではない。

実は、その矢内原が東京大学に隣接する学士会館のサロンにおいて、南原繁と静かに談笑する席に、文字通り居合わせた経験が筆者には一度ならずあった。そんな姿も預言者の一面ではなかろうか。

バプテスマ〔洗礼〕

バプテスマのヨハネ来りてユダヤの野《の》に宣伝《のべつた》へ　（元訳、馬太伝三・一）

バプテスマのヨハネ来《きた》り、ユダヤの荒野《あらの》にて教《をしへ》を宣《の》べて言《い》ふ　（改訳、マタイ伝同）

前述したように翻訳委員会では「バプテスマ」か「洗礼」かの訳語をめぐり論争が展開した。結果的には前者を主張するバプテスト派のN・ブラウンは委員会を離脱したのだが、訳語は「バプテスマ」として刊行された。これは改訳でも受け継がれた。しかし、多くのプロテスタントの諸教派では受洗の儀式をはじめ「洗礼」が用いられた。カトリックのラゲ訳『我主イエズスキリストの新約聖書』（一九一〇）では「洗《せん》」と訳された。この後、一九七八年、カトリックとプロテスタントとの共同による『新約聖書　共同訳』が刊行され、ようやく標記の「バプテスマ」の訳語は「洗礼」に変更された。ただし、「バプテスマ」の訳語が用いられた時代にも、バプテスト以外の教会の多くが「洗礼」を用いてきたので、本書では、直接資料にした聖書にはない言葉であるが、ここに加えた。

福永武彦の『草の花』（一九五四）の末尾には千枝子が内村鑑三らしい人物の集会の影響を受け、「洗礼《バプテスマ》も聖典《サクラメント》も、必要じゃないんだわ」と語っている。

野上弥生子の『森』（一九八五）でも嚴本善治と思われる岡野直巳について、

上京して学んだ学農社の津田仙、また同人社の中村正直の思想や倫理観に影響されたりの精神遍歴の末、ついにクリスチャンとなった。彼に下谷教会で洗礼を授けたのは田村哲であった。

田村哲のモデルは木村熊二である。

本稿執筆中、『朝日新聞』二〇二一年五月二六日の二六頁に「審査の洗礼大切」との小見出しが目に入った。最高裁裁判官の審査に関する判決に関し元最高裁判事による言葉で、たとえ過去に罷免された例がなかったにせよ「洗礼」を受けることは大切とする。

類語として日本語に「みそぎ」がある。ただし、「みそぎ」は過去の悪事を洗い落とすことに重きが置かれているが、「洗礼」は新生であり、以後の歩みが問われているのではなかろうか。

天国（てんこく）

天国《てんこく》は近《ちかづ》けり悔改《くいあらた》めよ　　（元訳、馬太伝三・二）
なんぢら悔改《くいあらた》めよ、天国《てんこく》は近《ちか》づきたり　　（改訳、マタイ伝同）

『言海』には「天」はあっても「天国」はない。「天」という言葉自体も「空」もしくは「天然」、「自然」の意味と、天皇に関することがらに添えられる尊称になっている。たとえば天皇の見物する相撲は「天覧相撲」と呼ばれている。新約聖書ではバプテスマのヨハネが、イエスの登場に先立ち、右のように野に叫んでいる。この呼びかけから判明するかぎり、「天国」は、浄土系仏教において教える極楽浄土のような他界でなく、近づきつつある時間の先にある世界として描かれている。現在の延長線上の理想社会のようにも受け取られる。一八五〇年に中国では、洪秀全により現世に「太平天国」の樹立を目指した蜂起が起こった。

内村鑑三は講演録『後世への最大遺物』（一八九七）のなかで、「此生涯を終つて基督に依つて天国に救はれて私の未来永遠の喜を得んと云ふ考が起つて来た」と、天国での救済を、キリスト教に接してまもなく生じた考えとした。

新渡戸稲造は『修養』（一九一一）のなかで、はじめて洋行のため、出港した直後の経験談を次のように記している。

僕は若い頃洋行するのを以《もつ》て、一世の理想の如く思ひ、愈《いよいよ》希望が成つて横浜より米国行の船に乗り込んだ時は、天国に行く様な心地した。

（原文は総ルビ）

また新渡戸は、「不平の種子」のみ抱くのではなく、不満や煩悶を善用しようとする種子を育てることを説いて言う。

聖書の中に天国は木の種子《たね》の如しといふことがある。種子は如何に小形であつても、それが発芽し、生長すれば、喬木《けうぼく》となり、空飛ぶ鳥も巣くふに至る。之と同じく、黙思も忘れずに助長してさへ行けば、何時《いつ》かは必ず立派なものとなると信ずる。

（同上）

西田天香は、『懺悔の生活』（一九二一）のなかで、「天国は死んでからの事ぢや」と、天国について考えることを「魔王」の言葉としている。しかし、他方、同書の「鹿ヶ谷夜話」のなかでは「天国とか極楽とか申しても低級なとらはれた又抹香臭いそれとは違ひます。実相とか自然とか云ふ風の形容でも差し支へありません」とも言って見方を変える必要を説いている。

吉田絃二郎の『小鳥の来る日』（一九二一）では「涙の味はひを知る人間の生活」のはじめに次のような文章がある。

ほんたうに人生を泣いた人でなければ、人生の笑ひは理解せられない。悲しみのある人でなければ天国の幸福は味《あぢは》はれない。

武者小路実篤の小説『友情』（一九二〇）では、杉子から愛を告白された大宮が、すでに杉子に対する気持ちを打ち明けられていた野島との友情を裏切ることになるので躊躇するが、結局、それを受け入れる。その野島の返事に接した杉子は「あなたの御手紙はどんなに私をよろこばしたらう。ありがたう。ありがたう。私は今天国にをります。あなたがこの世に居らつしやる。私は本当に感謝いたします」と返事を書いている。

清沢洌《きよし》は一九三五年ころの覚書に次のように記している。

キリストは偉かった。一度見ただけで職業を捨てて、かれに従ったものが多いのでも、かれのマグネチズムを知るにたる。しかしそれだけではない。神の下にあって個人の尊さと、天国の概念を与えたことが偉大であった。日本において今後の反動と宗教は、個人の尊重から来るであろう。ただキリストのように十字架にかかる決心ある人が出るかが疑問だ（ウェルズの世界三大偉人参照）。

（「覚書　昭和十年―十二年」『暗黒日記』一九五四）

広島の原爆の最初の記録とされる『天よりの大いなる声』（一九四九）では、一九四五年八月六日の翌朝、広島に住んでいた姉妹の姉は、原子爆弾を浴びた死の街、広島の中心近くを、行方のわからぬ妹を探して歩いていた記述がある。妹は軍需産業に動員されていて原爆に遭遇、行方不明となったのである。その捜索は徒労に終わったが、「私のうたう讃美歌が、天国のあなたのところまで登つていかないであろうか」と祈り続ける。

ただし、天国について中村真一郎は『死の影の下に』（一九四七）のなかで、身近な存在の死後のありかに混乱も生じさせていたことを次のように記している。

明治以来の新日本の複雑な文化的推移は、少年の私の心にも、一種の比較宗教学的方法を育て上げてゐた。だから天国、極楽、エリゼの園、黄泉国と、そんな幾つものそれぞれ伝統と雰囲気とを異にした死後の国の観念の中で、私は利兵衛君の迷へる魂を何処に想像すればいいのだらう。

利兵衛は子供時代、隣家の豆腐屋の子供で遊び友達だったが、川で飛び込みに失敗、打ち所が悪くて死んでしまった。

大佛次郎の『帰郷』（一九四九）には、従軍画家としてマラッカに滞在する小野崎公平が、知り合いの女性を酔っ払って訪ねて広間の長椅子に横たわり「前線へ出たことを考へたら、ここは天国か極楽ですよ」と答えている。

笠信太郎は『ものの見方について』（一九五〇）のなかで、イギリス人が語ったドイツ人評を紹介している。二つの門があって、それぞれ「天国への入口」と「天国に関する講演会への入口」と書いてある。それを見てドイツ人は後者の「天国に関する講演会への入口」の方に殺到したという。すなわち、ドイツ人が「本物の天国よりは天国に関する理窟」の方を好む気質を風刺した話である。

福永武彦の『草の花』（一九五四）には主人公の汐見が千枝子を前にして「戦争で敵を殺した基督教徒は死んで天国に行けるのだろうか」と疑問を呈する場面がある。

柳宗悦の『南無阿弥陀仏』（一九五五）によると、ヨーロッパ中世の大教会では、西側に大きな華窓が設けられ、「その西方に来世の国を見つめ、天国の様を眺めた」と記されている。

遠藤周作の『沈黙』（一九六六）の主人公の神父ロドリゴは、日本の潜伏キリシタンたちの使用している用語につき、「天国」は「ハライソ」、「地獄」は「インヘルノ」とその書簡で報じている。

筆者（鈴木）が、現在も信仰を維持している隠れキリシタンの人々を訪ねた折の話を紹介しよう。今日、隠れキリシタンの信仰を放棄する人々が生じるなかにあって、依然として信仰を維持する理由として一人のリーダーは次のように答えた。「ただ先祖から伝えられた教えというだけではありません、天国《ハライソ》に行くためですよ」。

この天国に関する人の意識に関し、これを地獄に関する意識と比較した神谷美恵子は『生きがいについて』（一九六六）のなかで、ダンテの『神曲』の例をひき、こう語っている。

ダンテの『神曲』で、天国の至福な状態の描写よりも、地獄の苛責のほうがはるかに迫力をもって描かれているのも偶然ではなかろう。

このことは、昔、大学の講義のなかで、ある高名な教授が「天国へ入れてやると言われても、あんな退屈なところは御免だ」と言った話を思い出させる。しかし他方、内村鑑三が『宗教座談』（東京独立雑誌社、一九〇〇）のなかで描いている天国は、退屈な天国と異なり、天国相応の労働がある。ニュートンが理学を、ペスタロッチが教育学を、カントが哲学を担当していて人々は活気に満ちた生活を送っている。

土居健郎は『「甘え」の構造』（一九七一）において、日本はしばしば「子供の天国」と言われ、その傾向が最近特に顕著である傾向について論じている。すなわち「子供のような大人」がふえていて「カッコイイ」という言葉も「カッチョイイ」というような幼児語になっているが、それは「人類的退行現象が死に至る病か、それとも新たな健康への前奏曲」であるとみなしている。

大江健三郎の『静かな生活』（一九九〇）のなかで、「重藤さん」は、その「父」が学生時代に「キリスト教の天国の自分の居場所にあこがれてさ、修道院の下働きを志願したこともあるんだよ」と語っていたが、しだいに「来世がありさえすれば、そこが天国でも地獄でもいい」とも言うようになったと記している。

永六輔の『大往生』（一九九四）に「うちは仏教ですから、父は天国へ行ったんじゃなくて極楽に行っているんです」との言葉が収められている。著者の実家は寺院だったから実話かもしれないが、確かに世を去った人の話をするときに「Aさんは今ごろ天国で……」とは言っても、「今ごろ極楽で……」という話はあまり聴かれない。一方、同じ本のなかで著者は作曲家いずみたくの追悼番組に出演、その後の黒柳徹子との会話のなかで「いずみさん、僕が追悼されたら、あの世で天国や地獄を案内して下さい」と述べている。

このように、今日では一般の日本人には「極楽」よりも「天国」の方が身近な表現になりつつある。

葬儀の案内状などでも「召天」という言葉を、しばしば目にするようになった。これにつき、暫く研究室を共にした聖公会の矢崎健一司祭が、「まだ、天国へ行けるかどうか判らないのに、召天しましたという言葉はおかしいよ」と力説していたことが思い出される。

さらに現在では、前述したように「歩行者天国」というような使い方まである。先立たれた夫に代わり下着の行商で活躍する森光子のテレビドラマを思い出す。たしか題名は「天国の父ちゃんこんにちは」ではなかったか。

相撲の大鵬の孫王鵬が二〇二二年の初場所で入幕を果たした。その感想を問われ、「祖父が天国から応援していると思うから頑張る」と答えている（同年一月八日『朝日新聞』）。日本では、このようなときに死後の世界として「極楽」とか「あの世」はしだいに使われなくなっている傾向にある。もっぱら「天国」が独走しはじめているとみてよい。

パン

人はパンのみにて生《い》くるものに非《あら》ず

（元訳、馬太伝四・四）

人《ひと》の生《い》くるはパンのみに由《よ》るにあらず

（改訳、マタイ伝同）

「バプテスマのヨハネ」から洗礼を受けたイエスは、伝道に先立って荒野で悪魔の試みを受けた。悪魔が石を指して、神の子ならば、これらをパンにせよと命じたことに対する返事である。

ここの「パン」は中国語訳聖書では「餅」であり、キリシタンおよび排キリシタン書においても、このパンにあたる言葉は「餅」で表されることが多かった。ただ、英訳聖書では'bread'であり、この『新約全書』が刊行された一八八〇（明治一三）年には「パン」で通じるようになったのだろうか。ただし『言海』（一八八九―九一）にも、まだ「パン」は登場していない。

徳富健次郎（蘆花）の『思出の記』（一九〇一）には、主人公の入学した関西学院の情景が次のように描かれている。

> 随分人知らぬ花柳の遊《あそび》をしながら日曜には殊勝らしくつまらぬ説教長々しい祈禱に耳傾け、酒臭い口を窃《そっ》と拭つて讃美歌を口ずさむ者もあれば、耶蘇教を世わたりのつるとすがつてはパンが欲しさに「人はパンのみにて生くるものにあらず」と誦《しょう》する者もあつた。
>
> （原文総ルビ）

夏目漱石の『三四郎』（一九〇九）には、三四郎が大学で図書を借りて読んでいて書き込みを見つける。それには「予今試験の為め、麵麭《ぱん》の為めに、恨みを呑み涙を飲んで此書を読む」と記されていた。

国木田独歩の『欺かざるの記』（一九一八）には、自分の仕事につき「吾は次第に自由社に出席することの無用なる如く感ずるに至りぬ、而《しか》もパンの為に忍んで出席したり」と気乗りのしない仕事に嫌気が表されている。

相馬黒光は夫の愛蔵とともに、一九〇一年上京して、本郷の大学前でパン屋を営むにあたり「学生相手にするなればパン屋がよくはないかと思はれました。そしてパンといふものが何処まで私共の生活に入り込むことが出来るものか、将来パン食が実現されるかどうか」との不安のなかでの開業だったという（『默移』一九三六）。

河上肇は『思ひ出』（一九四六）のなかで、一九三三年一月から一九三七年六月までの投獄中、未決囚時には差し入れが許され、「食欲不振に困つてゐた私は、昼食には中村屋の食パンを差入れて貰つてゐた」と記している。その中村屋を創業した夫妻が前の相馬愛蔵と黒光夫妻であった。

生活難時代に一燈園を創始し、トイレ掃除を通じて生活困窮者を支えた西田天香は、著書『懺悔の生活』（一九二二）のなかで語っている。

「汝等何ぞパンの為に思ひわづらふや」などとさけばれても、大抵は骨董扱ひにして、其宗旨の流れをくむ寺院及び教会等でも、事実にその権威を証明せうとは致しませぬ。

井伏鱒二の『黒い雨』（一九六六）では、主人公の妻重松シゲ子の手記の形で「パン」について次のように描かれている。

代用食のパンは焼いて味噌をつけ、または味噌をつけて焼いたりして食べまして、主食を延ばす貴重な材にしておりました。

すなわち、戦時中の食糧難時代にも、まだパンは主食の米に代わる「代用食」であったのである。

加藤周一は、日本の敗戦のところで著書『羊の歌』（一九六八）を閉じるにあたり、「足りなかったのは食糧である。しかし人はパンのみにて生くるものではない」との言葉でもって結んでいる。

こうして一般社会の表現の世界では、本来、ご飯なら「米のめし」と言うべきところ、もっぱら「パン」が「主食」にとって変わっている。「人はパンのみにて生るものに非ず」との前半の言葉を受けて、人間と動物との違いとし、あるいは労働者の待遇改善の声明のなかで用いられた。すなわち、パンだけで生きるなら動物と異ならないから、この句の後には、「文化的存在」としての人間、「考える人」としての人間など、さまざまな人間の特性、本質を言い表す文章が登場するようになった。

サタン

サタンよ退《しりぞ》け　（元訳、馬太伝四・一〇）
サタンよ、退《しりぞ》け　（改訳、マタイ伝同）

新約全書馬可伝の三章二二節では、イエスが「ベルゼブル」に取りつかれた人から、「ベルゼブル」すなわち「鬼」（悪魔にあたる）を追い出すのをみて、ユダヤ人の学者たちがイエスを悪魔使いのように評した。これに対するイエスは「サタンは何《いか》でサタンを逐出《おひいだ》し得んや」（元訳、馬可伝三・二三）と答えている。悪魔どうしで争えばともに亡びるという。

欽定訳聖書で、'devil' と 'Satan' との使い分けがなされているように、日本語訳聖書でも「悪魔」と「サタン」とを使い分けている。しかし、一般には両者は同様に使われることが多いが、どちらかというと「サタン」は「神」に対する敵対者として用いられる。

宮崎八百吉（湖処子）は『帰省』（一八九〇）において、親戚の老人が、今や酒乱となりはてた暮らしを「失楽園のサタン」にたとえている。

国木田独歩の日記『欺かざるの記』（一九一八）には、ある貴族の祝宴に出席して嫌気がさし「サタン、サタン、サタン爾の力は不思議なる哉」との感が記されている。

天使（てんのつかひ）

終《つひ》に悪魔《あくま》かれを離《はな》れ天使《てんのつかひ》だち来《きた》り事《つか》ふ　（元訳、馬太伝四・一一）

ここに悪魔《あくま》は離《はな》れ去《さ》り、視《み》よ、御使《みつかひ》たち来《きた》り事《つか》へぬ　（改訳、マタイ伝同）

新約聖書において、悪魔はイエスに対して世界の諸国とその栄華をみせて、試みた。悪魔に仕えるならば、これを与えると。しかし、イエスは拒否、それにより悪魔は去り天使《てんのつかひ》が来てイエスに仕えた。

また、イエスの没後、伝道にあたったステパノが捕らえられて集議所に坐しているとき、その顔は「天使《てんのつかひ》の面《かほ》の如《ごと》なりき」（元訳、使徒行伝六・一五）と記されている。

日本では天人や天女は知られていて、『言海』では、「天人」は「天上ヲ飛行スル女神」、「天女」は「女神ノ名ノ下ニ添フル語」となっているから「女神」である。これに対して聖書は、女性とは限らず、また、「神」の使いであって「神」ではない。他方、以前の西洋の絵画をみても、現世の人間ではない。そのうえ「堕天使」もいる。それが、いつの間にか女性の「看護師」を「白衣の天使」と呼ぶようになった。きれいな声で歌を歌えば「天使のような歌声」と賞され、愛らしい幼児の口元は「天使の唇」と言われる。

宮崎八百吉（湖処子）の『帰省』（一八九〇）では、久しぶりの主人公の帰省が地方の新聞に報道され、その来客の声は浴室にまで「天使の言葉の如く」聞こえた。同じく「君見ずや、天使を衣て悪魔を行ふ法王あり」とも記されている。

幸徳秋水は『帝国主義』（一九〇一）のなかで、帝国主義につき、それが「寂光の浄土を現せんとする乎、無間の地獄に堕せんとする乎。進歩乎、腐敗乎、福利乎、災禍乎、天使乎、悪魔乎」を論ずることをもって本書の目的とするという。

新渡戸稲造の『修養』（一九一一）には、「黙思」の必要を次のように説いている。

多忙の為に、心の中に潜んで居たものが、黙思と共に、外部の圧迫が取り去られて、それぞれ発揮される。聞かうと思はざりし声が、天外から降る。杜鵑《ホトトギス》が告げたものであるか、身辺を見まはしても其姿が見へぬ、何が告げたのであらうかと疑ふ。自分でクヨクヨ思ふて居たことも、誰《た》れか来て洗ふて呉れる、天の使が来て拭ふて呉れた様な心地になる。

（原文は総ルビ）

武者小路実篤の作品『友情』（一九二〇）の野島が、思う女性杉子を「どうしても彼女を失ふわけにはゆかない。こんな天使が何処にゐるだらう」と思ったと描かれている。野島はヒロインの杉子を「天使」のようにみていたのである。

芹沢光治良の『巴里に死す』（一九四三）ではヒロインの女性が産院でお産するにあたり、麻酔をかけられ意識の朦朧とした状態でみた幻想が次のように描かれている。

気がついた時、ベッドの脚の方から白い鳩がふと翔び上つた。その鳩をとらへやうと両手をあげると、白い鳩と思つたのは小さな翼を背につけた天使で、頭の上をゆるやかにまひながら、美しい歌をうたつてゐる。その声に聞き惚れてゐたが、声はフランス語である。天使は目も髪も黒く、よく注視すれば日本の赤坊の顔である。両掌で小さい金の冠をささげて歌つてゐる。なんて歌つてゐるのか、その意味を知らうと目をあげれば、その度に、冠を私の頭にのせようと近づいては飛び去り、幾度もこころみる。意味を知らうとしてあせれば、天使も冠をのせようとあせる。意味は分らなくても、そのフランス語を真似て口のなかで繰り返してゐると、天使は私の頭に冠をのせた。冠をのせたとたんに、天使は翔け去つたが美しい音楽が聞えはじめた。

天使にもいろいろあるようで石川達三の『風にそよぐ葦』（一九五〇／五一）に登場する看護婦尾形について、作者は「世間では白衣の天使といふ美しい形容詞で呼ばれてゐたが、尾形さんのやうな市中の病院をわたり歩いて来た看護婦は、女としては一種のすれつ枯らしであつた」と描いている。

柳宗悦は『南無阿弥陀仏』（一九五五）のなかで、浄土仏教において「西方浄土」が説かれているが、西洋の中世の教会については次のように述べている。

中世時代の本寺では西方がいつも正面でない場合はない。五智如来に非常に類似したものに、基督と四福音書記者とを象徴した五体の図がある。基督が中央、それに天使（マタイ）と獅子（マルコ）と牛（ルカ）と鷲（ヨハネ）とが配してあって、正しくその位置が定めてある。

しかし、現実世界では人は天使になりえない。どうしたらよいのか。神谷美恵子は、『生きがいについて』（一九六六）のなかで現世における人間の位置について「現世に生きるかぎり、生命と精神の矛盾のなかで生きぬくことこそ人間に与えられた運命なのであろう。パスカルのいう通り、ひとは天使でもなければ、動物でもないのであるから、どちらを否定しても人間の本性にもとることになろう。問題になりうる唯一のことは、この二つのもののどちらに生存の重みをかけるか、ということである」という。

加藤周一は東京大空襲の直後、大学前の東大ＹＭＣＡ寮に住んでいた森有正を訪ねた。その部屋でセザール・フランクの「交響変奏曲」を聞き次のような会話を交わしている。

　美しいものの何もなくなった東京の夜のなかで、音楽は、限りなく美しく、限りなく私を感動させた。「これはほとんどアンジェリック（天使的）ですね」と私はいった。「その通り」と森さんはいった、「ほとんどセラフィック（熾天使的）です」。　（『羊の歌』一九六八）

ちなみに「熾《し》天使」は天使のなかでも最上位の天使である。

野上弥生子の小説『森』（一九八五）のなかで、明治女学校がモデルとされる日本女学院では、クリスマスが近づくと、降誕劇で「天使」を演じるために「教室の白いカーテン」が取り外されたという。

永六輔の『大往生』（一九九四）には死や病気に関する世間の言葉が集められている。そのなかに、次の言葉がみられる。

「白衣の天使なんてとんでもない。
白衣の奴隷よ」

これに対し、著者は次の所感を書き添えている。

看護婦も職業であり、職業であれば商売ともいう。学校の教師を聖職というのと同じで、天使という言葉はもうやめた方がいいのではないだろうか。

実は筆者（鈴木）は、聖路加看護大学に一〇年ほど出講したことがある。また、若いころに教員をつとめていた夜間定時制の高校では、半数近い生徒が個人医院の准看護師だった。正看護師の受験のためには高校卒業の資格が要る必要上、彼女たちは夜間の高校に通っていたのであった。准看護師生活を過ごしていた個人病院ではまさに「白衣の奴隷」扱いを受けていた生徒もいた。しかし、その生徒たちが、やがて正規の看護師になり定年も迎えた今日、いまだに筆者はその数人と文通を続けている。彼女たちは、今は、少なくとも「奴隷」からは解放された人生を送ってきている。そういう生活を身近に見てきたから、看護師たちを、とても安易に「天使」とは言えない。やはり「天使」は人間世界の存在ではない。

異邦人（いはうじん）

ヨルダンの外《むかふ》の地異邦人《いはうじん》のガリラヤ　　（元訳、馬太伝四・一五）
ヨルダンの彼方《かなた》、異邦人《いはうじん》のガリラヤ　　（改訳、マタイ伝同）

イエスの時代、ガリラヤは「異邦人」の地とされた。この「異邦人」という言葉も『言海』にはないが、中国語訳聖書にはある。

有島武郎の『生れ出る悩み』（一九一八）には画家志望の青年が生業の漁業に従事しながら、仲間の会話になじめず「自分が彼等の間に不思議な異邦人である事に気付く」場面が描かれている。さらに同作品には「漁夫たちと膝をならべて、同じ握り飯を口に運びながら、心だけはまるで異邦人」、あるいはその中にあって「異邦の人のやうな淋しい心持ち」との描写もある。

吉田絃二郎は『小鳥の来る日』（一九二二）において、ユダを「異邦人」とみて次のように述べる。

四福音書の記録者たちは、イスカリオテのユダの記事はたゞ一行か二行ですましてゐて、最初からユダを不倶戴天の仇のように書いてゐるので、実際にユダがどんな人であつたかは知れないが、四福音書の記述者たちの頭には先天的な偏見が幾分あつたかも知れない。

ユダの立ち場から考へて見れば、ユダがたゞ一人の異邦人――少くともガリラヤ人でなかつた――であつたことなども、あの異族排斥の念の強い弟子たちの間に於いては、ユダをいつも不利な地位に置いたことであらうと思はれる。

和辻哲郎は、ローマがハンニバルのカルタゴに打ち勝った理由として「カルタゴは異邦人の傭兵で以て戦つていた」ことを挙げている（『風土』一九三五）。

芹沢光治良の『巴里に死す』（一九四二）では、夫に従ってパリに滞在していた妻が妊娠、「たった一人異邦人のなかでお産する自分を見出せば、不安に身もひきしまり、越えて来た海の拡がりや母の顔が切実に思ひ出された」とある。

日本人が、とりわけヨーロッパ社会においてもつ「異邦人」意識について、伊藤整は、日本人は西洋から多くを学んではきたが、他のアジア諸国の人々と異なり被支配者の生活体験がない。したがってアフリカ系の人たちのように「パリに特有の棒のやうな細長いパンを裸のまま小脇にかかへて、自分の住んでゐるらしいアパートに入つて行く」ような生活の真似ができない。西欧の社会にあって「本当の異邦人であるといふ実感」をもち「同国人ばかり集まるやうな習慣」ができやすいとみる（『求道者と認識者』一九六二）。

大佛次郎の『帰郷』（一九四九）のなかに「異邦人」と題された一章がある。本書の主人公である守谷恭吾はもと海軍軍人だったが、仲間との遊びに公金を使った嫌疑で軍籍を剝奪され、ヨーロッパを放浪後、マラッカを訪れ、同地に進駐してきた日本軍のなかの旧友と出会う。しかし、深い関係にもあった女性の密告により、憲兵隊に拘束され、約一年を拘置所で生活。日本の敗戦により釈放されるがマラッカの町は一変し、街頭には行き場のない、無気力な日本兵が群れていた。その後、守谷は久しぶりに日本に帰国した。しかし、日本はすべて変わっていた。日本の中で空襲を免れた古都京都を訪ね、その町並みを歩くが「異邦人となつて了つた恭吾には古い茶室の面白味がわからなかつた」と記している。前述の伊藤整のばあいは、外国にあって結局日本人仲間の世話になっている自分の異邦人意識に気付いた文章であるが、恭吾にとっては、それを母国に「帰郷」して感じているのだからいっそう深刻である。

遠藤周作の『沈黙』（一九六六）には次のような場面が描かれている。

司祭はよろめく驢馬の上からあの男がどこまでも従いてくるのを知った。それはこの異邦人たちの中で、彼の知っているただ一人の男だった。

牢から出され馬上に縛られて取り調べに向かう途上の神父ロドリゴを、見守る唯一人の知り合いの「異邦人」とは、神父を売ったキチジローだった。

カミュ（Camus, Albert）の小説“L'Etranger”の『異邦人』という訳語について、土居健郎は『「甘え」の構造』（一九七一）のなかで、原名“L'Etranger”を「他人」と訳さなかったことについて疑問を呈している。「異邦人」の訳語に「他人」よりも「外国人に対する好奇心」の反映を見出している。加えて、「異邦人」という表現には、「元来ユダヤ人が軽蔑をこめて使うgentileの訳語として古くから日本語訳聖書の中で使われてきた事実がある」と、聖書からの用例として流布してきたことにも言及している。

また、近年では久保田早紀（久米小百合）の歌「異邦人」（一九七九）などにより、一般に広く用いられている。単に「外国人」と言うのとは異なり、「異邦人」という言葉には、より孤独感、寂寥感、哀愁感が漂っている。

ただ、日本には「まれびと」という思想もあり、ムラを訪れる「旅人」は村人から一目置かれる「神」であった。ときには幸《さち》をもたらす存在であった。それは「異邦人」をカタカナで「エトランジェ」というばあいにも共通する語感であろう。しかし、「あいつはクラスのなかで異邦人だった」というばあいは、どこか変わったところが敬遠されたり、除け者扱いされる存在を意味している。

悔改め（くひあらため）

斯時《このとき》よりイエス始《はじめ》て道《みち》を宣伝《のべつた》へ天国は近《ちかづ》けり悔改《くひあらた》めよと曰《いひ》たまへり

（元訳、馬太伝四・一七）

この時《とき》よりイエス教《をしへ》を宣《の》べはじめて言《い》ひ給《たま》ふ「なんぢら悔改《くいあらた》めよ、天国《てんこく》は近《ちか》づきたり

（改訳マタイ伝、同上）

『言海』には「悔《くい》」という言葉はあって「クユルコト、後悔」となっているが「悔改め」はない。『歎異抄』などでも「煩悩具足」の身の自覚はあっても「悔改め」という言葉は見当たらない。おそらく宗教意識の上では変わりないと思うが、少なくとも日本語として「悔改め」を広めた媒体は聖書ではなかろうか。

正宗白鳥の『何処へ』（一九〇八）のなかで、主人公の菅沼健次が外出すると救世軍の伝道と出会う。その一人は「早く悔い改めなければ誠の人間にはなれません」と呼びかけていた。

新渡戸稲造の『修養』（一九一一）には、新約聖書マタイ伝五章二九節にある「もし右の眼なんぢを罪に陥《おと》さば抉出《てきしゅつ》して之を棄てよ、もしなんぢの右の手なんぢを罪に陥さば之を断《きり》て棄てよ」（パラルビに変更）を例に出して、次のような言葉がある。

眼や手が罪を犯すに非ずして、之等は罪を犯す心の道具となり、云はば、犯罪的意志の結果であるから、眼を抉出《えぐりだ》し、手を断《た》つたとて、心が悔改めぬ間は何の効もない筈なるが、矢張実際は果より因に及ぼすことも出来る。（原文は総ルビ）

さらに新渡戸は、「悔改め」と「後悔」の相違については「後悔するのみでは尚《な》ほ未だ不足である。基督教で云ふ通り悔改めねばならぬ。Regret でなく Repentance でなければならぬ。是《ここ》に至つて後悔は望多き心情になる」として両者を区別している。

長与善郎の『竹沢先生と云ふ人』（一九二五）のなかに、次のような「先生」の言葉がある。

マグダラのマリアは悔い改めたと云ふ丈で、その瞬間に、一つの立派な行為を為《な》したものと云へないだらうか。又それを既に宥《ゆる》されてゐるとして咎めなかつた基督はその「咎めなかつた」事において最上の行為をしたものではなかつたか。

志賀直哉の『暗夜行路』（一九四三）では、京都の八坂神社の近くの小屋で、長い刑期を終えて「悔改め」て出所した女性が、「蝮のお政」と名乗り芝居をしている光景が描かれている。作品の主人公の謙作は、通りがかりに、年齢にして五〇歳余りの「蝮のお政」を見かけ、「悔改め」した後の今の生き方よりも、「悪事を働きつつあった頃の生々した張りのある心の上の一種の幸福」を想像している。

福永武彦の『草の花』（一九五四）では、ヒロイン千枝子が手紙のなかで「ルッターは繰返して、悔改めの本質は、人が相手を自分のために愛するのではなく、相手を相手のために純粋に愛することだと述べております」と述べている。また、無教会の集会に参加している心境を「誰でも自分の罪を悔改めて、復活の基督に導かれて新しく生きようと思った人間は、それだけで本当の基督者になれるの」と私（汐見）に語っている。

このように「悔改め」の言葉には、ただの後悔と異なり新生、再生の響きがある。

会　堂（くわいだう）

イエスガリラヤを偏《あまね》く巡《めぐ》り其会堂《くわいだう》にて教《をしへ》をなし　（元訳、馬太伝四・二三）
イエス偏《あまね》くガリラヤを巡《めぐ》り、会堂《くわいだう》にて教《をしへ》をなし　（改訳、マタイ伝同）

「会堂」という言葉も『言海』にはない。イエスの時代にはユダヤ教の集会所（シナゴーグ）であり、中国語訳聖書で用いられたため、日本語訳聖書でも踏襲された。

夏目漱石の『三四郎』（一九〇九）の終わり近くで三四郎は美禰子と会うために、彼女の出席していた教会の前で待っている。礼拝が終わったらしく、「忽然として会堂の戸が開いた。中から人が出る。人は天国から浮世へ帰る」と描いている。

新渡戸稲造は、『修養』（一九一二）のなかの「迎年の準備」の記述において、欧米の風習においても次のように述べている。

殊に僕が最も美はしい習慣と感じたのは、大晦日の夜半《よは》に会堂で礼拝することである。

（原文総ルビ）

大岡昇平の『野火』（一九五二）には、アメリカ軍の空襲により病院を脱走した「私」が海岸の林のなかに「十字架」を望見した。「十字架は恐らく林の向うの、海に臨んだ村の会堂の頂を飾るもの」だった。しかし十字架に対する「私」の思いは複雑である。その会堂のもとには家があり人がいるが、人は「比島人」である。それは「危険の象徴」だったとみる。

会堂は教会堂と同一視されて用いられることが多いが、やがて、日本では会堂は公会堂という言葉として、町中で親しまれる建物になる。

心の貧き者（こころのまづしきもの）

心の貧《まづし》き者は福《さいはひ》なり天国は即《すなは》ち其人《ひと》の有《もの》なれば也《なり》　（元訳、馬太伝五・三）
幸福《さいはひ》なるかな、心《こころ》の貧《まづ》しき者。天国《てんこく》はその人《ひと》のものなり　（改訳、マタイ伝同）

「心の貧き者」とは日本語としては判りがたい言葉である。おこない正しくして、人の中にあってなんの恥ずべき、劣ることのない人間とは真反対の存在であろう。道徳的にはなんの取り柄もない人間であるが、要はその自覚の欠如かもしれない。

しかし、志賀直哉は『暗夜行路』（一九四三）のなかで、主人公の謙作に、仕事がはかどらず、気の滅入る一方の状態を「心の貧しき者は福《さいはひ》なり」というなら、それは「余りに残酷な言葉だ」と言わせている。もし一人の牧師が自分の前に現れて「心の貧しき者は福なり」と言ったなら、「いきなり其頬を撲りつけるだらう」と考えたという。聖書語として知られていながら、これは理解のむずかしい一例である。

慰め（なぐさめ）

哀《かなし》む者は福《さいはひ》なり其人は安慰《なぐさめ》を得《う》べければ也　（元訳、馬太伝五・四）
幸福《さいはひ》なるかな、悲《かな》しむ者《もの》。その人《ひと》は慰《なぐさ》められん　（改訳、マタイ伝同）

聖書でいう「慰め」は英語ではcomfortという文字が示すように力づける意味がある。むしろ励ますに近い。内村鑑三の名著『基督信徒の慰』（警醒社書店、一八九三）の「なぐさめ」は、これに近い表現である。このようにキリスト教の聖書により、日本語の「慰め」は、単に泣く子をあやす程度の意味から、より積極的な激励の意味を帯びる言葉に転じたとみてよい。したがって最近では、『日本国語大辞典』（小学館、二〇〇一）も、従来の意味に加えて「キリスト教では、悲しみや苦しみにある者、弱い者を神が励ますことをいう」との語義を加えている。

武者小路実篤の著書『友情』（一九二〇）には、青年野島と大宮の二人が、互いに慰めあい、鼓舞しあった関係が描かれている。なかでも大宮は、内村鑑三を尊敬し、その著書の愛読者だった。大宮の部屋には、旧約聖書以賽亜書《いざや》四〇章から次の言葉が掲げられていた。

「然《さ》れどエホバを俟望《まちのぞ》むものは新なる力を得ん。
彼等は鷲の如く翼を張りて登らん、
走れども疲れず、歩めども倦《う》まざるべし」

この聖句は、武者小路が記すように一九〇五（明治三八）年一〇月に、内村の雑誌『新希望』に掲載された内村による「以賽亜書私訳」の文章とほとんど変わりない。

地の塩（ちのしほ）

爾曹は地《ち》の塩《しほ》なり塩《しほ》もし其味《あぢ》を失《うしな》はば何《なに》を以《もて》か故《もと》の味《あぢ》に復《かへ》さん

汝《なんぢ》らは地《ち》の塩《しほ》なり、塩《しほ》もし効力《かうりよく》を失《うしな》はば、何《なに》をもてか之《これ》に塩《しほ》すべき

（元訳、馬太伝五・一三）

（改訳、マタイ伝同）

いわゆるイエスの「山上の垂訓」のなかの言葉。一九四六年ころ、日本でも、旅費の無い人、または困窮者のために、詩人の江口榛一により「地の塩の箱」が各所に設けられていた。その中には小銭が入っていて自由に用いることができた。

一灯園の西田天香は、第一次世界大戦後、戦争による世界の大破壊が行われたが、「その大破壊された中にあつても、地の塩となつて未だ壊されて居ない〝お光〟を地盤として、其上に平和の世界を創建しやうとの働きもある」（『懺悔の生活』一九二一）という。〝お光〟は、いわば一灯園の神体にあたる存在で、「神様、仏様、大道と言ふ様な」存在とも言っている（ただし、ここでは原作の「光」の上に丸を冠した表記「〇光」を〝お光〟という言葉に変えた）。

広島の原爆の記録『天よりの大いなる声』（一九四九）には、学校で始業前に原爆に遭遇し大やけどに苦しんだ小学生岸本光弘の記録が「地の塩にかわるもの」と題して収められている。その題名は、標記の改訳マタイ伝五章「汝らは地の塩なり」により編者が付したものと思われる（た

だし、後版では題名は「地の塩にかわるもの」から「僕は泣きながら走った」に変更されている。変更の真意は定かでないが、小学生らしくなかったためか）。

今日では塩というと細かくて純白な食卓塩のようなものを想像するかもしれない。しかし、かつて戦時中、筆者は、砂糖はもちろん塩までも欠乏し、赤茶けた岩塩しかなかった時を覚えている。イエスの時代の塩もたぶん、同じような岩塩であったであろう。そのように見場は悪くても世になくてはならない存在を、ここの塩は意味したと受け取られる。

姦　淫（かんいん）

姦淫《かんいん》すること勿《なかれ》（元訳、馬太伝五・二七）

姦淫《かんいん》するなかれ（改訳、マタイ伝同）

イエスの「山上の垂訓」の言葉。

ただし中国語訳聖書では「毋淫」とはあっても姦淫の言葉はない。『言海』にもないが、「姦通」はあって「ミソカゴト」との説明がある。この表現からみると「姦通」は、秘密の行為であっても罪ではないということか。日本語の聖書「姦淫」が何を参考にしたのかわからないが、聖書の教えはきびしく「色情を懐きて女を見るもの」(改訳) はすでに「姦淫」である。

国木田独歩の『欺かざるの記』(一九一八) において、独歩のもとを去った信子への手紙が記され、その中で「余は姦淫の故ならで其妻を出すことを禁ずるクリストの教を奉ずる者なり」と書いている。

阿部次郎は『三太郎の日記』(一九一四) のなかで「内的生活」の多様性にふれ「姦淫の内容にも西より東迄の無限の間隔がある」と述べている。

野上弥生子の小説『森』(一九八五) には、内村鑑三の聖書集会に出席している医学部生加部圭助が「結婚と姦淫なる言葉を対句のように挙げ」ていて、「なんとしても結婚しなければならないのです。姦淫者とならないためには」と考えていた。

聖書の姦淫の規定は「色情を懐《いだ》きて女を見るものは、既に心のうち姦淫したるなり」と極めて厳しく、日本の性倫理にとっては衝撃的な規定であった。

目には目を（めにはめを）

目《め》にて目を償《つくの》ひ歯《は》にて歯《は》を償《つくの》へ　（元訳、馬太伝五・三八）
「目《め》には目《め》を、歯《は》には歯《は》を」と云《い》へることあるを汝《なんぢ》ら聞《き》けり　（改訳、マタイ伝同）

イエスの「山上の垂訓」の言葉。

旧約聖書の、いわゆる「モーセの十戒」の一部にある語句（出エジプト記二一・二四）。現代の日本でも単純な復讐や仕返しに対して広く用いられるようになった。しかし、この後の「人もし汝の右の頬をうたば、左をも向けよ」（改訳）については議論を招いている。

偽善者（ぎぜんしや）

会堂《くわいだう》や街衢《ちまた》にて偽善者《ぎぜんしや》の如《ごと》く鑼《らつぱ》を己《おの》が前《まへ》に吹《ふか》しむる勿《なか》れ（元訳、馬太伝六・二）

偽善者《ぎぜんしや》が人《ひと》に崇《あが》められんとて会堂《くわいだう》や街《ちまた》にて為《な》すごとく、己《おの》が前《まへ》にラッパを鳴《なら》すな（改訳、マタイ伝、同）

なんぢ祈《いの》る時に偽善者《ぎぜんしや》の如《ごと》する勿《なか》れ（元訳、馬太伝六・五）

なんぢら祈るとき、偽善者の如くあらざれ（改訳、マタイ伝、同）

イエスの「山上の垂訓」の言葉である。「偽善」という言葉は『言海』にはない。イエスは、偽善と偽善者、なかでもパリサイ人らをもっとも忌み嫌った。

キリスト教においては、悪人や罪人のみならず、ここでみるように「偽善者」に対してなかなか手厳しい。日本の仏教が極楽往生を願い、神道が現世の繁栄を祈願する宗教となっていたのに対し、キリスト教は社会における倫理的な生き方を問う宗教として受け入れられた面もある。もちろん日本でも、偽善者を見逃さない思想として「お天道《てんと》さん」という観念があった。しかし明治維新期における国家神道政策のためか、国家が価値基準の表面に出て、この庶民倫理に支えられていた「お天道《てんと》さん」という素朴な存在が希薄化してしまった。ただ、西郷隆盛の好んだ「敬天愛人」の言葉にはその残影がみられるのだが、この西郷にもキリスト教の影響を認める見方がある。

徳富健次郎（蘆花）の『思出の記』（一九〇一）には、主人公が入学した関西学院の光景として、次のような光景の描写がみられる。

耶蘇教の精神は校内に満ち々々て居た。凡そここに一の範囲を支配する大勢力があれば、其処《そこ》に偽善的服従者と奇矯の逆流者を生ずるは必然の勢《いきほい》である。（全文総ルビ）

夏目漱石の『三四郎』（一九〇九）には、「広田先生」が次のように述べている。

近頃の青年は我々時代の青年と違つて自我の意識が強すぎて不可《いけ》ない。吾々の書生をして居る頃には、する事為す事一《いつ》として他《ひと》を離れた事はなかつた。凡てが、君とか、親とか、国とか、社会とか、みんな他本位《ひと》であつた。それを一口《ひとくち》にいふと教育を受けるものが悉《ことごと》く偽善家であつた。

さらに「広田先生」は、「偽善を行ふに露悪を以てする」、「人の感触を害する為めに、わざわざ偽善をやる」行為にも言及している。

倉田百三は『出家とその弟子』（一九一七）のなかで、唯円が師の親鸞に対して「凡そ悪の中でも偽善ほど悪いものは無いのですね。あなたはいつか偽善者は人殺しよりも仏に遠いとおつしやいましたね」と述べさせている。

有島武郎は『生れ出る悩み』（一九一八）において主人公である漁師の生活を描き「陸の上では何んと云つても偽善も弥縫《びほう》もある程度までは通用する。ある意味では必要であるとさへも考へられる。海の上ではそんな事は薬の足しにしたくもない」と両者の生活の相違を強調している。

吉田絃二郎は『小鳥の来る日』（一九二一）のなかで「廃娼運動などをやつて、自分のみを正しい人間と見、不幸な女たちを罪人のやうな考へでやつてゐる偽善者たちが、考へて見なければならぬことである」という。

長与善郎は、『竹沢先生と云ふ人』（一九二五）のなかで「先生」に近代人の偽善観を次のように批判させている。

近代人は偽善と云ふ観念を一体に怖れすぎるよ。それならまだいいが、偽善に見える事にあんまり臆病すぎると俺は思ふよ。それは昔にはなかつた、わりに文明的な進んだ恐怖ぢやァあるが、その前にちぢ込み上りすぎるのは又確かに一つの卑怯と云ふもんだ。それは恰度《ちょうど》虚栄とか贅沢とか云ふ名を怖れて美を嫌ふやうなもんだ。

太宰治の『人間失格』（一九四八）には次のような光景が描かれている。

竹一を自分の膝を枕にして寝かせ、念入りに耳の掃除をしてやりました。竹一も、さすがに、これが偽善の悪計であることには気付かなかつたやうで、

「お前は、きつと、女に惚れられるよ」

三島由紀夫は『仮面の告白』（一九四九）において、太平洋戦争の開戦当時高校生だった「私」に「戦争がはじまると、偽善的なストイシズムがこの国一般を風靡した。高等学校もその例に洩れなかった」と述べさせている。

阿部次郎は『三太郎の日記』（一九一四）のなかで、偽善者について次のように定義づけている。

偽善とは何ぞ。
自己の悪を隠蔽することによつて、自分を真価以上によき者に見せむと欲する者は固《もと》より偽善者である。自分を真価以上によき者に見せかけることによつて何等かの利得を身に収めむと欲する者は固より偽善者である。この意味に於いて政治家と教育者との間に如何に偽善者が多いことであらう。

また、阿部は、次のように自分のことを記している。「彼の人格を統御する善良なる意志がなかつたら、彼は偽善者となり籠絡家となる可き多くの素質を持つてゐるに違ひない」。
高橋和巳の『悲の器』（一九六二）には、法学者の兄に対して神父となった末弟が、次のように延々と兄を批判する言葉がある。

あなたはむしろ自殺すべき人だった。『悪霊』という小説にでてくるキリーロフのように、神をいなまれる以上は、自殺されるべきだった。しかるに、あなたは誠実に生きつづけられた。あなたが偽善者であってくれたほうがよかった。あなたが単なる政治家、裏切者、偽善者であるならまだしもよかった。

伊藤整は、トルストイの『我が懺悔』を読んだころを回想し「我々は永井荷風や川崎長太郎を奇人扱ひするけれども、本当は彼等こそまともな生活をしてゐるのであつて、我々は仮装偽善のため、また自己以外の人間たちのために不正直な仮りの生活をしてゐて、フィクションの必要などといふものを論理化してゐるのではあるまいか」と述べている。また日本の「クリスチャン」のもつ「偽善」性について「我々一般日本人の目には、あの日本人のクリスチャンたちのあり方は、実に多くの偽善性によつて疑はしいものに見え、演戯的なわざとらしい祈りや懺悔の習慣によつて非現実的な宗教と思はれてゐる。賀川豊彦氏のやうな世界的に認められてゐる大きな存在ですら、日本の智識階級は、何か疑はしい、ジェスチュアの多い、かなり演出の多い存在であると感じてゐる。日本の良質のジャーナリズムの賀川氏に対する白眼視がさういふところに根ざしてゐるのは疑ふことができない」（『求道者と認識者』一九六二）とのきびしい見方の表明もある。「偽善」をもっとも嫌ったキリストの教えを信奉する信徒が、なによりも偽善者として受けとられる問題は、日本のキリスト教にとり一つの大きな課題であろう。

土居健郎は『「甘え」の構造』（一九七一）において、日本人にしばしば指摘される「内」と「外」に対する行動や意識の使い分けに関し、そこに「誰しも偽善とか矛盾とは考えない」ところに「甘え」の構造を見ている。特に「身内にべたべた甘える者に限って、他人に対しては傍若無人・冷酷無比の態度に出ることが多いように観察される」からである。

右の手（みぎのて）

右《みぎ》の手の為《なす》ことを左《ひだり》の手に知《しら》する勿《なか》れ　（元訳、馬太伝六・三）
右《みぎ》の手《て》のなすことを左《ひだり》の手《て》に知《し》らすな　（改訳、マタイ伝同）

大岡昇平の作品『野火』（一九五二）では、フィリピンの山野をさまよう日本兵の「私」は、丘の上に動けなくなっている将校と出会う。将校は死の直前「俺が死んだら、ここを食べてもいいよ」と自分の左腕の上部を叩いた。将校は死んだ。「私」は躊躇の末、その言葉に従って右の手に剣をとり、いざ行動に出ようとしたとき、右の手首は左の手に握られていた。「汝の右手のなすことを左手をして知らしむる勿れ」の声が聞こえた。「私」は何もせずに立ち上がった。

藤原正彦は、「世界中の人々がかかっている悪疫」として「弱者こそ正義」という思想に言及、「このあまりに素朴な哲学は、現代人の偽善を触媒にして、この十数年間で世界に広がりました」と批判している（『国家の品格』二〇〇五）。

前項とも関連するが、日本人の引っ込み思案という国民性もからんで、行動にともなう「偽善」は、ひとつ課題と言えよう。

なお、宗教によって左右の手をそれぞれ浄、不浄に分けている地域もある。

日用の糧（にちようのかて）

我儕の日用《にちよう》の糧《かて》を今日《けふ》も与《あた》へたまへ　（元訳、馬太伝六・一一）
我《われ》らの日用《にちよう》の糧《かて》を今日《けふ》もあたへ給《たま》へ　（改訳、マタイ伝同）

いわゆる「主の祈り」の一部である。「日々の糧」または「日ごとの糧」として用いられることもある。

相馬黒光が『黙移』（一九三六）のなかで、フェリス女学校在学時代、「星野先生は『日毎の糧』といふような宗教的著書を沢山お書きになりました」と記しているが、星野天知には同名の作品はないので、これは著書名ではなくて、内容を言ったものだろう。

宮崎安右衛門の編纂した吉川一水の日記は『日々の糧』（野口書店、一九五一）と題されている。

ソロモンの栄華（ソロモンのゑいぐわ）

野《の》の百合《ゆり》花は如何《いかに》して長《そだつ》かを思《おも》へ労《つとめ》ず紡《つむ》がざる也　われ爾曹に告んソロモンの栄華《ゑいぐわ》の極《きはみ》の時《とき》だにも其装《よそほひ》この花《はな》の一《ひとつ》に及《しか》ざりき

（元訳、馬太伝六・二八―二九）

野《の》の百合《ゆり》は如何《いかに》して育《そだ》つかを思《おも》へ、労《らう》せず、紡《つむ》がざる也《なり》。栄華《えいぐわ》を極めたるソロモンだに、その服装《よそほひ》この花《はな》の一《ひと》つにも及《し》かざりき

（改訳、マタイ伝同）

古代イスラエルにおいてソロモンの時代は全盛時代とされる。一八八三（明治一六）年五月、東京で全国基督信徒大親睦会が開催された。その演説会の席上、札幌教会を代表して登壇した青年内村鑑三は、百合の花をかざしながら「空ノ鳥と野ノ百合花」と題して演説。その名を全国の信徒に知らしめた。

宮崎八百吉（湖処子）はその著書『帰省』（一八九〇）のなかで、まず農村の天然と生活とを讃え、「ソロモンの栄華と智慧を以て、半百歳の経験を以て悟る所何事そ」と文明と人智の限界とを対照させている。

吉田絃二郎は『小鳥の来る日』（一九二一）において次のように記している。

「野の百合を見よ……空の鳥を見よ……」と言つたのはキリストであつた。野の百合はソロモンの栄華にもまさつた真実の生活を送つたのであつた。野の百合は少くともほんたうな自分自身の偽らぬ要求にしたがつて伸び、あるがまゝの、自分自身をあるがまゝに生かして行つた。ほんたうに野の百合は、どこまでも野の百合の凡べてを生き、微塵も野の百合以外のものとして生きなかつた。

『暗黒日記』（一九五四）の著者清沢洌は、少年時代に穂高で井口喜源治の開いた研成義塾で学んだ。その師につき次のように述べている。

井口先生は熱心なクリスチャンで、名誉とか栄達とかいふものを悪魔の誘惑であるかの如く教へた。一方に於て少年の心は大臣、大将、博士を画く夢のやうな野心に燃える。他方に於て先生の教へる宗教は、さうした地上の栄達は野花にもしかぬソロモンの栄華の如きものだといふ。僕はその頃深い煩悶に落ちたものであつた。

（研成義塾教友会編『井口喜源治』一九五三）

清沢は井口を介して金や地位や名誉以上に大切なもののあることを知り、のち、ジャーナリストとして政界や軍部に対して抵抗の精神を保持したが、太平洋戦争の終結を前に世を去った。

信　仰（しんかう）

嗚呼《ああ》信仰うすき者よ　（元訳、馬太伝六・三〇）
ああ信仰《しんかう》うすき者《もの》よ　（改訳、マタイ伝同）

イエスの「山上の垂訓」の言葉。

「信仰」という言葉は、日本で新約聖書が刊行された一八八〇年当時はまだ多く使われていなかったのだろうか。『言海』には「しんかう、信向、信迎」とあっても「信仰」はない。その意味として「（一）仏経ノ語、心ニ仏ノ道ヲ信《シン》ズルコト。帰依《キエ》。（二）信《マコト》トシテ肯《ウケガ》フコト」とあるから意味としては近いが、「しんじや」は「信心ノアル人、信向スル人」にとどまる。中国語訳聖書でも右に記した「信仰うすき者」にあたる部分は「小信者」になっている。この聖書にある「信仰」の言葉の方がしだいに日本語として定着した。

柳宗悦は『南無阿弥陀仏』（一九五五）のなかで、法然、親鸞、一遍を比較して論じ、「一遍上人はいう、仏は人もなく、念仏自らの念仏である」。ここに「誠に一遍上人の信仰の帰趨《（きすう）》」が示されていると説く。

一日の苦労（いちにちのくろう）

明日《あす》の事を憂慮《おもひわづらふ》なかれ明日《あす》は明日《あす》の事を思《おもひ》わづらへ　一日の苦労《くろう》は一日《いちにち》にて足《たれ》り
（元訳、馬太伝六・三四）

明日《あす》のことを思《おも》ひ煩《わづら》ふな、明日《あす》は明日《あす》みづから思《おも》ひ煩《わづら》はん。一日《いちにち》の苦労《くらう》は一日《いちにち》にて足《た》れり
（改訳、マタイ伝同）

元訳では、同じ思いわずらいでも、前半では「憂慮」、後半では「思わづらへ」というように使いわけがみられる。

島崎藤村の詩集『落梅集』（春陽堂、一九〇一）に収められた名高い「千曲川旅情の歌」には次の一節がある。

昨日またかくてありけり

今日もまたかくてありなむ
この命何を齷齪《あくせく》
明日をのみ思ひわづらふ

島木健作の『続生活の探求』（一九三八）では、主人公の駿介と友人たちとの会話において、一人が他の一人に向かって「明日の事を思ひ煩ふな、一日の苦労は一日にて足るといふことすらも出来てゐない」と非難している場面がある。

女子学院の創立者矢嶋楫子には、一九二〇年、日本女子大学の創立者成瀬仁蔵に贈った次の書がある。

一日の苦労は壱日にて足れり

求めよ（もとめよ）

求《もとめ》よ然《さら》ば与《あたへ》られ尋《たづね》よ然《さら》ばあひ門《もん》を叩《たたけ》よ然《さら》ば開《ひら》かる々ことを得《え》ん

（元訳、馬太伝七・七）

求《もと》めよ、然《さ》らば与《あた》へられん。尋《たづ》ねよ、さらば見出《みいだ》さん。門《もん》を叩《たた》け、さらば開《ひら》かれん

（改訳、マタイ伝同）

柳宗悦は『南無阿弥陀仏』（一九五五）において、法然の『選択集《せんじやくしゆう》』には「口常に仏を称すれば、仏即ち是を聞き給ふ」と書かれているが、それはキリストが「求めよ、さらば与へられん。叩けよ、さらば開かれん」と言ったのと同じである。それが親鸞においては「吾々が仏に帰入するのではない。仏が吾々に求めて帰入せしめるのである」と方向の逆転があった。それでも、その間に「念ずる者と念ぜられる者」との「二が残る」。これに対し、一遍はこの「二」を「一」にした。一遍は「仏も人もなく、念仏自らの念仏である」と説いたという。同じ疑問は同書の「十二

回向不回向」においても標記の聖書の言葉にみられる「さらば」の言葉に対してもなげかけられている。

ただし、聖書においても、ただ「求めよ、さらば与へられん」ではなく、その心が問われるし、その心となると究極的には柳のいう一遍と同じではなかろうか。

門を叩け（もんをたたけ）

門《もん》を叩《たたけ》よ然《さら》ば開《ひら》かるることを得《え》ん　（元訳、馬太伝七・七）

門《もん》を叩《たた》け、さらば開《ひら》かれん　（改訳、マタイ伝同）

前出と同じく柳宗悦は『南無阿弥陀仏』（一九五五）のなかで、「真実の祈り」に言及、「叩け」

と「開かれん」の間に「さらば」を入れる必要はないという。「実《まこと》には叩くことが開かれること
である。否、開かれざる扉を叩くといふことは許されてをらぬ。むしろ開くことが因で、叩くこ
とが果とさへ云つてよい」とまで言う。

しかしながら、人生においては、この言葉は、すべてに消極的な人々にとっては激励になって
きた。たとえば受験において、受けもせずに断念するのでなく、まずトライすることが大事とみ
る。たとえ受験する学校が「狭き門」であっても。

狭き門（せまきもん）

穿《せま》き門《もん》より入《いれ》よ沈淪《ほろび》に至《いた》る路《みち》は闊《ひろく》その門《もん》は大《おほい》なり此《これ》より入《いる》もの多《おほ》し　生《いのち》に至る路《みち》は
穿《せまく》その門《もん》は小《ちひさ》し

（元訳、馬太伝七・一三―一四）

狭《せま》き門《もん》より入《い》れ、滅《ほろび》にいたる門《もん》は大《おほき》く、その路《みち》は広《ひろ》く、之《これ》より入《い》る者《もの》おほし　生命《いのち》にいたる門《もん》は狭《せま》く、その路《みち》は細《ほそ》く、之《これ》を見出《みいだ》す者少《すく》なし（改訳、マタイ伝同）

イエスの「山上の垂訓」の言葉。

現代では「狭き門」と表記されることが多い。特にジッド（Gide, André Paul Guillaumt）の作品が一九〇九年に『狭き門』の題名で訳出されて以来広まる。今日では、難関校への入学試験、競争率の高い就職試験などにも用いられるようになる。

野上弥生子の『森』（一九八五）では、内村鑑三の開いた初期の集会の参加者につき「すでに揺るぎのない信仰をもつものに限らず、まだ狭き門のそとに彷徨し、いかに生くべきかに思い悩むものも交っていた」と描いている。確かに内村が自宅で聖書集会を開いていたころは、部屋の都合で参加者が約二五人に制限され、多いときはくじ引きだった時期がある。ただし、その時も結局はくじに外れた者も入会を認められた。

林芙美子の『浮雲』（六興出版、一九五一）には、富岡が「狭き門より入れ……」と言うのを聞いたゆき子が「これから狭き門を探すンぢや遅いわ」と答える場面がある。

権威（けんゐ）

それは学者《がくしゃ》の如からず権威《けんゐ》を有《もて》る者の如《ごと》く教《をしへ》たまへば也《なり》（元訳、馬太伝七・二九）
それは学者《がくしゃ》らの如《ごと》くならず、権威《けんゐ》ある者《もの》のごとく教《をし》へ給《たま》へるなり（改訳、マタイ伝同）

イエスは学者とちがって「権威」ある人のように教えを語り、人々を驚かせた。若きイエスでありながら、ユダヤ教の祭司とも律法学者とも異なる、異次元の力が感じられたのだろう。「権威」は一六一一年に成った英訳聖書（Authorized Version）でも 'Authority' となっている。「権威」という言葉は、『言海』にはまだない。今では「その道の権威」とか「外科の権威者」というように人並みはずれた能力の存在、または専門家に対して用いられるようになったが、実力を伴わない例も見受けられる。「権威をふりかざす人」や「権威主義者」は嫌われる。

吉田絃二郎は『小鳥の来る日』（一九二一）において次のように記している。

ソロモンの生活は王といふ権威に囚はれたがために、ほんたうな人間の幸福を持つことはできなかつた。ソロモンがもし真人間の生活を持つことができたならば、かれも亦野の百合と同じ生活の幸福を味ふことができた筈である。

キリスト教原理主義が「世界を席巻」している現状に対し、藤原正彦は「自由、平等、国民主権などは、もちろん教会の権威や絶対王政を倒すうえで目覚ましい力を発揮しました。しかし、それらが打倒されたと同時に、その歴史的使命を終えるべきものだったのです」とみて、その過剰を批判した（『国家の品格』二〇〇五）。

使徒（しと）

偖《さて》イエスその十二弟子を召《よび》彼等に汚《けがれ》たる鬼を逐出《をひいだ》し又《また》すべての病《やまひ》すべての疾《わづらひ》を医《いや》

す権《ちから》を賜《たま》へり　その十二使徒《じふにしと》の名《な》は左《さ》の如《ごと》し　（元訳、馬太伝一〇・一―二）

斯《かく》てイエスその十二弟子《じふにでし》を召《め》し、穢《けが》れし霊《れい》を制《せい》する権威《けんゐ》をあたへて、之《これ》を逐《お》ひ出《いだ》し、もろもろの病《やまひ》、もろもろの疾患《わづらひ》を医《いや》すことを得《え》しめ給《たま》ふ
十二使徒《じふにしと》の名《な》は左《さ》のごとし　（改訳、マタイ伝同）

すなわち、ペテロ、アンデレ、ゼベダイの子ヤコブ、ヨハネ、ピリポ、バルトロマイ、トマス、マタイ、アルパイの子ヤコブ、タダイ（路加伝ではヤコブの子ユダ）、シモン、イスカリオテのユダの十二人である。しかし、イエスの没後に入信したパウロも「使徒」を名乗り、キリストの福音の伝道者も広い意味で使徒に含まれる。新約聖書では、四福音書の後に使徒行伝がある。

石川達三に『使徒行伝』（新潮社、一九四一）と題された作品があるが、これは、教会の信徒としてある意味で忠実に一生を終わった人間を諷刺した作品である。

中村光夫は、岩野泡鳴につき、若いころ一時キリスト教の伝道師を志し、のち信仰は失ったが「彼は自然主義を唱えたときも、後に一種の日本主義を信奉したときも常に使徒として振舞い、使徒としての誇りと熱情を終生失いませんでした」と述べている（『日本の近代小説』一九五四）。

森有正は『生きることと考えること』（一九七〇）のなかで、少年時代に野辺地天馬の『旧約物

語』（丁未出版社、一九一七）と『新約物語』（同、一九一八）を愛読、とくに「キリストの生涯とか、十二使徒の話――そういうふうなものは何べんも繰返して読んだ」と語っている。

野上弥生子の小説『森』（一九八五）では、彫刻家荻原碌山のモデルとみられる篠原健につき、「米国からフランスに渡った後、画を彫刻にかえてロダンに傾倒し、その偉大な造形芸術の使徒たる輝かしい未来をもって帰朝」と描いている。

今日では、キリスト教の伝道者にとどまらず、特定の使命感をもって宣伝や伝播に従事する人を、その道または分野の使徒というようになる。「販売の使徒」、「教育の使徒」など。

十字架（じふじか）

その十字架《じふじか》を任《とり》て我に従《したが》はざる者も我に協《かなわ》ざる者なり

（元訳、馬太伝一〇・三八）

おのが十字架《じふじか》をとりて我《われ》に従《したが》はぬ者《もの》は、我《われ》に相応《ふさは》しからず　（改訳、マタイ伝同）

イエスが十二人の使徒を選んで各地へ伝道に派遣しようとして与えた言葉。「十字架」というとイエスの最後の処刑の十字架が想起されるが、すでに、このように聖書でも処刑を覚悟して事に臨むばあいにも使われていた。のちにイエスは「われに従《したが》はんと欲《おも》ふ者は己を棄《すて》その十字架《じふじか》を負《おひ》て我に従《したが》へ」（馬太伝一六・二四）と、自分がエルサレムで十字架にかけられて処刑されることを預言、弟子たちに、イエスに従う者には苦難の生涯を歩むことの決意を説いた。キリスト信徒にとり「十字架」はイエスの死にあやかる苦難の生涯を意味するとともに、自己の罪の代贖の死として新生の希望の象徴ともなる。

徳富蘇峰は『将来之日本』（一八八六）において、維新後の日本を旧日本と比較するところで「昔ハ土足ヲ以テ蹂躙シタル切支丹ノ十字架モ。今ハ基督教トシテ其下ニ拝跪スルモノサヘアルニ到レリ」と述べている。

島崎藤村の『春』（一九〇八）には、若きころの北村透谷らとの交遊が描かれている。そのなかで透谷のモデルは「青木」であるが、その「青木」が自殺した葬儀の叙述の場面には「棺は黒い布で包んで、青い十字架を付け、その上に牡丹の花の飾《かざり》が載せてあつた。祈禱のあと、牧師は布を取除《とりの》けて、棺の蓋を開けた。人々は最後の別離《わかれ》を告げる為に、其傍へ行つた」（原文総ルビ）との記述がある。

西田幾多郎は、『善の研究』（一九一一）において、「十字架を取りて我に従はざる者は我に協はざるものなり」（第四編第一章）と述べ、自己への信のあるものは「未だ真正の宗教心」がない謂いとみる。

新渡戸稲造の『修養』（一九一一）では、イエスの十字架の死を「克己」の最高の模範としている。

国木田独歩は『欺かざるの記』（一九一八）のなかで「十字架のクリストを思はば、凡ての事献身的ならざらんと欲すと雖《いえど》も得ず」と記している。

芹沢光治良の『巴里に死す』（一九四三）には、夫に従ってフランスに住むようになった妻宮村万里子は、一子を設けたが結核に罹り、スイスのローザンヌで療養生活を送る。やがて成人する娘あてに遺した手記のなかで「まだ十字架にかかつたキリストの像にぬかづくやうな信者にはなりきれないが、お前を授けてもらつた日に感得した神様と、私のなかにある魂の不滅であることは、理窟でなしに信じられる」との心境を告白している。

石川達三の『風にそよぐ葦』（一九五〇／五一）では、戦前には右翼から攻撃された雑誌社の社長葦沢悠平が、戦後には左翼からも攻撃される。著者はこれを「自由主義者の必然的に負はねばならぬ十字架」とみている。

遠藤周作の『沈黙』（一九六六）には次のような光景が描かれている。

もう一つ注意しなければならないことは、トモギ村の連中もそうでしたがここの百姓たちも私にしきりに小さな十字架やメダイや聖画を持っていないかとせがむことです。

禁制前、他の宣教師による報告や書簡にも、宣教師たちが村を訪ねると、信徒たちがいっせいに傍にかけより、小さな十字架像やメダイを要求する光景が記されている。

さらに遠藤周作の同書によると、ロドリゴにも踏絵により信仰を試される時がきた。そのときロドリゴは、長い間沈黙を保っていたキリストが「踏むがいい。お前の足の痛さをこの私が一番よく知っている。踏むがいい。私はお前たちに踏まれるため、この世に生れ、お前たちの痛さを分つため十字架を背負ったのだ」と呼びかける声を聞いた。

これは余談だが、かつてマリア像のついた私のキーホルダーを見て、友人のベルギー人神父がその場でさっさと十字架を切って聖別してくれたことを思い出す。その神父は日本では柔軟な布教をおこなっていたが、最晩年は故郷のフランダースに帰って世を去った。その余りに手なれたしぐさが忘れられない。

冷なる水一杯（ひややかなるみづいっぱい）

小《ちひさ》き一人《ひとり》の者に冷《ひややか》なる水一杯《いっぱい》にても飲《のま》する者は誠《まこと》に爾曹に告ん必《かなら》ず其報《むくい》賞を失《うしな》はじ

（元訳、馬太伝一〇・四二）

この小《ちひさ》き者《もの》の一人《ひとり》に冷《ひやや》かなる水一杯《みづいっぱい》にても与《あた》ふる者《もの》は、誠《まこと》に汝《なんぢ》らに告《つ》ぐ、必《かなら》ずその報《むくい》を失《うしな》はざるべし

（改訳、マタイ伝同）

これもイエスが弟子たちを各地に派遣するにあたり述べた教訓。今日でも窮地にある人々に対する、どんなにささやかな援助でも大切なことを示す。「一杯の水」（馬可伝九・四一）として表現されることが多い。

高橋元一郎（一八九五―一九三三）の遺稿集に『一杯の水』（一九三四）と題された一書がある。高橋は宮崎県出身、同志社中退後に上京、無料宿泊所を開設し生活困窮者と共に生活していた。

復　活（いきかへ）

死《しに》たる者は復活《いきかへ》され貧者《まづしきもの》は福音《ふくいん》を聞《きか》せらる　（元訳、馬太伝一一・五）

死人《しにん》は甦《よみが》へらせられ、貧《まづ》しき者《もの》は福音《ふくいん》を聞《き》かせらる　（改訳、マタイ伝同）

中国語訳聖書では「復活」はなく、「死者甦」とあるのみである。

徳富蘇峰は『将来之日本』（一八八六）において、明治維新により一新された日本につき「之ヲ日本ノ変化ト曰ハンヨリ寧ロ日本ノ復活再生ト云フノ当レルニ如カス。何トナレハ旧日本ハ既ニ死矣、今日ニ生存スル者ハ是レ新日本ナレハナリ」とみた。

宮崎八百吉（湖処子）の『帰省』（一八九〇）では、主人公は故郷を離れて六年、父死去の報に接し「故郷の幻影油然として復活し来れり」という。帰省して亡父について語ると「当時の悲哀の復活せし如く、一坐の客或は咽ひ或は面を背け、或ものは黙して死せるが如くなりき」と叙している。

内村鑑三の『後世への最大遺物』（一八九七）の話にも次の言葉がある。

　山陽といふ人は勤王論を作つた人であります。先生はドウしても日本を復活するには日本をして一団体にしなければならぬ。一団体にするには日本の皇室を尊で夫で徳川の封建政治をやめて仕舞つて、夫で今日謂ふ所の王朝の時代にしなければならぬといふ大思想を持て居つた。

内村は、頼山陽の思想自体には賛同できないが、そのAmbitionにはひかれたという。ここで用いている「復活」という言葉は、「死《しに》たる者は復活《いきかへ》され貧者《まづしきもの》は福音《ふくいん》を聞《きか》せらる」（馬太伝一一・五）のように文語訳聖書では「いきかへ」と訓読みによるルビが付されているが、一般信徒は「ふっかつ」と音読みで使ってきた。

幸徳秋水は『帝国主義』（一九〇一）において、愛国心を論じ、それがもし井戸に落ちた子供を救うようなものであれば私心がないものであり、アフリカの「ツランスワールの為めに其勝利と復活」を祈るものであるならば肯定されてよいとみる。しかし、世のいわゆる愛国心は自国のためのみであると批判した。「ツランスワール」はアフリカの独立国「トランスヴァール共和国」。小国だが金鉱で知られ、一八九九年、イギリスによるボーア戦争により植民地化された。

現在は南アフリカ共和国に含まれる。

島崎藤村は『春』（一九〇八）において、文学青年たちの会合のなかの市川の意見として「何故に元禄の文学が復活したかを考へねばならぬ」と言わせている。「元禄の文学」とは上方に起った西鶴、近松門左衛門、芭蕉などによる庶民の文学であろう。同じく『春』のなかで、友人たちが集まった池の端の風景描写にあわせて「暖かい雨が降つて来て、窓の外の草木も復活《いきかへ》るやうに見える頃には、ここへ集つて来る連中の心も共に発達した」との叙述もある。

和辻哲郎は『風土』（一九三五）の再版（一九四四）のなかで、かつて日本人は長期にわたり中国の文化を尊敬し、その摂取につとめてきた。ところが「シナ」の方が、その「過去の高貴な文化」を喪失してしまった。しかし「シナは復活しなくてはならぬ。漢や唐におけるごとき文化の偉大さを回復しなくてはならぬ」と力説する。

北条民雄の『いのちの初夜』（一九三六）では、ハンセン病施設に入所したばかりの尾田に対して、すでに五年間も暮らしている佐柄木が説く。ここでは今までの「人間」はなく「生命」だけが存在している。しかし「新しい思想、新しい眼を持つ時」、「再び人間として生き復《かへ》るのです。復活、さう復活です」。

島木健作の『続生活の探求』（一九三八）では、学業を中断し実家で農業生活を始めた駿介が、久しぶりに本を開いたところ、意外にも強い吸収力があり、それは「肉体になぞらへて云へば、チブス後の復活したそれのやうなものだつた」と述べている。また、島木には別に『人間の復活』（中央公論社、一九四〇／四一）と題した作品もある。

清沢洌は昭和一八（一九四三）年五月一一日の日記に「ソ連で復活祭を復活したという。これはイデオロギーが敗れて旧習が勝ったことを示すものだ。国民の解放だ」との感想を記した（『暗黒日記』一九五四）。

中村真一郎の『死の影の下に』（一九四七）では、「私」が散歩の途中、廃家と思われる家の庭の廃れたベンチに座っていると、「或る耳馴れた提琴協奏曲の旋律」がよみがえり、それは「悔恨の叫びと共に逃れ行く冬の王の、背後から湧き上る復活祭の春の斉唱」だったと記している。また、同書のなかで、母亡き後、今度は自分を育ててくれた伯母の死を経験、「伯母の死が突然に私に母の復活をもたらしてくれた」とも書いている。

大佛次郎の『帰郷』（一九四九）では、従軍画家としてマラッカを訪れた小野崎公平が、一時は失っていた画業への意欲に対し「南方にゐる間に、ほんたうに自分で画を描きたくなつてゐるのを知つて、自分が先づ驚いたものだつた。熱情が復活して来たのは、幸福であつた」と記し、それは「どこかに死の影を予覚して、生きてゐる間に何かしたいと思ふやうになつたのかも知れぬ」と述べている。

相馬黒光は雑誌『文学界』について述べたところで「元禄文学復活熱の機運にも触れて、透谷は『歌念仏』を論じたり」と言う（『黙移』一九三六）。このことは前述の藤村の『春』にもある。阿部次郎は『三太郎の日記』（一九一四）の「自ら疑ふ」という文章の結びとして「自分の生活の底を見せるに臆病」なことを反省し、「僕は一切の衣を脱いで裸かになりたい。さうして首をのべて運命と世間との審判を待ちたい。生きるために。復活するために。人となるために」と「復活」の必要をみずからに言い聞かせている。

中村光夫は『日本の近代小説』（一九五四）において、次のように述べ、大衆文学のなかでの伝統の喪失を指摘している。

いわゆる大衆文学、ことにそのなかの時代ものと云われる種類の物語は、或る意味で江戸時代の戯作の伝統の復活であり、その発生の当初においてはそういう要素を濃く持っていましたが、今日ではそれすら内容は西洋化しています。

高橋和巳の『悲の器』（一九六二）には、戦時体制下の法学者の会話のなかに「自然法を復活させる逆コースが最大の善であるような時代」との言葉が入っている。

家永三郎は『一歴史学者の歩み』（一九六七）のなかで、一九五〇年の破壊活動防止法の制定という「治安立法の復活」を述べ、さらに、一九六六年には日本の近代の歴史教育にふれ「現に戦後二十年もたった今日でも、なお二月十一日の祝日の復活を喜び、神武天皇を実在の人物と信じている人々が少くないのを見ても、戦前の歴史教育の恐ろしさを痛感する次第である」と嘆いている。

なお、日本で紀元節が建国記念の日と名を変えて復活したのは一九六六年二月一一日であった。この日多くの学校も祝日として授業を休講とした。立教大学もこれにならったが、大学側の方針に抵抗して出校する教師もいた。私は当日、たまたま講義のない日のため出校しなかったが、身近では西洋音楽史の皆川達夫教授が、敢然として平常通り講義を行ったことを今でもはっきりと覚えている。なお皆川氏は、このころから隠れキリシタンの伝える西洋音楽の影響に関心を抱き、乞われて現地の専門家を紹介したことがあるが、自分自身、隠れキリシタンと相通じる精神の持ち主だった。

永六輔の『大往生』(一九九四)には、晩年、しだいに知友が隠退したり世を去るなかにあって、中村八大らと「復活ビッグ4」という企画のあったことへの言及がある。

藤原正彦は、初等教育において、国語の授業の大切さを力説、「一生懸命本を読ませ、日本の歴史や伝統文化を教え込む。活字文化を復活させ、読書文化を復活させる」。これが「国際人をつくるための最もよい方法」と説く。また「情緒を育む精神の形」として「武士道精神」を「復活すべき」ことも強調している(『国家の品格』二〇〇五)。

水村美苗の『日本語が亡びるとき』(二〇〇八)には、ソビエト崩壊後の話として「ソビエト時代に禁じられていた昔のモンゴル文字を復活させようという動きまである」と述べている。同書では、少し後でもアイルランドでは、第一公用語は英語でなくゲール語であると述べたあと、「英国からの独立以来、ゲール語の復活は重要な国家政策となっている」ともいう。

このように「復活」はもともと聖書用語であったが、『言海』にある「蘇生」という言葉が、ただ「ヨミガヘルコト、イキガヘルコト」であるのに対し「復活」には新たな活力が付加されたような語感が受けとられる。

そのためか、この言葉はスポーツ界の記事で目にすることが多い。戦争直後は一般の学校では剣道、柔道などはGHQによって禁止されていた。それが一九五〇年ころを境に復活した。GHQによる日本再武装の方針転換の結果だろうか。しかし学校には道場も柔道着もないので、わたしたち高校生は市の警察署に通い、警察官とともに練習をした。これは文字通り復活にすぎなかったが、スポーツ選手などに復活という言葉が使われるばあい、以前よりも力強い新生感をともなっているようである。あるいは試合においても「敗者復活戦」などが行われる。また、補正予算で何々費が「復活」など、毎日の新聞紙上においても、この文字を見ない日がないほど今では一般の日本語として愛用されるようになっている。

風にそよぐ葦（かぜにそよぐあし）

風《かぜ》に動《うごか》さるゝ葦《あし》　（元訳、馬太伝一一・七）
風《かぜ》にそよぐ葦《あし》　（改訳、マタイ伝同）

イエスの先行者「バプテスマのヨハネ」についてイエスは、およそ「風に動かさるゝ葦」、「風にそよぐ葦」とは正反対の最大の預言者であると告げる。今日では、安易に時流や権力になびく人間に使われる。

石川達三の『風にそよぐ葦』（一九五〇／五一）では、雑誌社を経営する葦沢悠平社長（姓にも葦がついている）の長男泰介が、徴兵され入隊した軍隊で剣鞘を紛失、そのかどで営倉に入れられた。泰介は社会主義者とみなされていた。著者は「抵抗する力をもたない一本の葦は脆くも吹き折られてしまつた」と記している。本書には太平洋戦争の開戦とともに軍国論者がしだいに増える傾向を主人公の葦沢が嘆じ「要するに、風が吹けば一斉にその方に靡く河原の葦の群である」

とも記している。ところが、日本の敗戦とともに、今度は同社には労働組合が結成され葦沢は一転して批判の対象となる。このほか題名どおり、本書には多くのもろい「葦」の文字が目につく。

葦といえば、やはりパスカルの『パンセ』の言葉、「人間は一本の葦にすぎない」、しかし「考える葦である」との言葉が想起される。

種まく者（たねまくもの）

種《たね》まく者播《まき》に出《いで》しが　播《まけ》るとき路《みち》の旁《ほとり》に遺《おち》し種あり……（元訳、馬太伝一三・三―四）

種《たね》播《ま》く者《もの》まかんとて出《い》づ。播《ま》くとき路《みち》の傍《かたは》らに落《お》ちし種《たね》あり……（改訳、マタイ伝同）

種は蒔かれる地により育ちの異なることを説いたイエスのたとえ話。ミレーの絵画「種蒔く人」でも知られる。

志賀直哉の『暗夜行路』（一九四三）では、主人公謙作の兄信行が当時流行していた禅に関心をもち、円覚寺のSN和尚を訪ねる計画を語ったところ、謙作は「何となく其SN和尚《をしょう》を好まなかった。三井集会所あたりでよく話をするSNを、荒地に種蒔《たねま》く人間のやうな気がして好まなかった」と評している。志賀は青年時代、数年以上も内村鑑三の聖書研究会に出席していたから、聖書にある「種まく者」の話は何度も聞いたことであろう。

迷へる羊（まよへるひつじ）

イスラエルの家《いへ》の迷《まよ》へる羊《ひつじ》の外《ほか》に我は遣《つかは》されず
（元訳、馬太伝一五・二四）

我《われ》はイスラエルの家《いへ》の失《う》せたる羊《ひつじ》のほかに遣《つかは》されず
（改訳、マタイ伝同）

イエスは、自分の使命を、苦しむ人すなわち「迷へる羊」のためとみていた。「牧者《かふもの》なき羊《ひつじ》」（馬可伝六・三四、本書161頁参照）との表現もある。

夏目漱石の『三四郎』（一九〇九）では、教会の前で待っていた三四郎に向かって、中から出て来た美禰子が近づく。

「ヘリオトロープ」と女が静かに云つた。三四郎は思はず顔を後へ引いた。ヘリオトロープの壜。四丁目の夕暮。迷羊《ストレイシープ》。迷羊《ストレイシープ》。

教会（けうくわい）

爾《なんぢ》はペテロなり我《わ》が教会《けうくわい》をこの磐《いは》の上《うへ》に建《たつ》べし

（元訳、馬太伝一六・一八）

汝《なんぢ》はペテロなり、我《われ》この磐《いは》の上《うへ》に我《わ》が教会《けうくわい》を建《た》てん（改訳、マタイ伝同）

イエスが、自分（人の子）は誰であるかと弟子たちにたずねたところ、「バプテスマのヨハネ」、「エリヤ」、「預言者」など、さまざまな答えが返ってきた。ただひとり、ペテロだけが「爾《なんぢ》はキリスト活神《いけるかみ》の子《こ》なり」と答えた。その答えに接したイエスの言葉である。ギリシア語で「ペテロ」は岩の意味を持つ。

この応答はローマ・カトリック教会の根拠とされ、ローマ教皇は、そのペテロの後継者を任じている。

島崎藤村の『春』（一九〇八）には「市川にしろ、菅《すげ》にしろ、岸本にしろ、いづれも一度耶蘇の教会に籍を置いて、而も其《それ》を出た浪人である」（原文は総ルビ）とのくだりがある。市川は平田禿《とく》木《ぼく》、菅は戸川秋骨《しゅうこつ》、岸本は藤村本人がモデルとされる。西洋化の波にのってキリスト教の教会が青年たちをひきつけた時代であった。

有島武郎は『生れ出る悩み』（一九一八）のなかで、自分の近況を「妻も迎へた。三人の子の父ともなつた、永い間の信仰から離れて教会とも縁を切つた」と実経験にそって述べている。「教会」すなわち札幌独立教会からの退会であり、師の内村鑑三を嘆かせた。

中勘助は『銀の匙』（一九二一）のなかで、幼児期に出会った「異人さん」と「今度のくりすますには必ず一緒に教会へゆくといふ約束をして帰つた」との回想を記している。その後も本人は教会に通うことはなかったが、その周辺にはキリスト信徒の青年たちが集まった。

吉田絃二郎の『小鳥の来る日』（一九二一）の「草の上の学校・宗教・芸術」は、次の文章から始まっている。

学校だの、教会だのいふやうな組織に対して私は時々疑惑を抱くことがある。

昔孔子は樹下に道を説いたことがあるやうに聴いてゐる。ソクラテスも戸外で問答をしたやうであり、キリストも町の中や湖の上から説教をしてゐる。

林芙美子の『放浪記』（一九三〇）には、はじめての仕事先に面接に行くと、紅茶と洋菓子が出され「日曜の教会に行つたやうに少女の日を思ひ出させた」と述べている。紅茶と洋菓子と教会とが三点セットとして結びついている。

相馬黒光は、小学校時代に「教会の前を通りますと、あのやはらかな讃美歌の声が窓を洩れて聞えました。私は不知不識《しらずしらず》涙ぐんでその窓の下に引き寄せられ、またその戸口に立つて見ました」との経験を回想している（『黙移』一九三六）。

福永武彦の『草の花』（一九五四）には無教会の集会に出席している千枝子に対し汐見が「僕の

手に一冊の聖書があり、僕が常に罪を意識して基督によって救われようと意識しているならば、それだけでもう充分じゃないか、何も教会に行く必要なんかありはしないのじゃないか」と説くくだりがある。

芹沢光治良は『巴里に死す』（一九四三）のなかで、ヒロインは「それまで私は神様のことなど考へたこともなく、マルセル夫人が日曜日毎に教会へ行くことを、ただの習慣のやうに眺めてゐたが、妊娠したことを知ると、不思議にも神様といふ観念が私にも宿つたやうである」と述べ、「教会」を他人事のように思っていた態度からの転換が語られている。

伊藤整の『求道者と認識者』（一九六二）には、ヨーロッパの各地で出会う教会について、次のような感想が記されている。

> 教会や寺院がソ連でも西ヨーロッパでも、どこのどの国の町へ行つても多いこと、そして原則として教会や寺院が、その町の最も立派な、かつ目立つた建築物であり、町の名、停留場の名などが多く教会の名に基づいてゐることが、人間の不安、人間の欲求の同質であることを、いたる所で証明してゐる。

丸山真男は著書『日本の思想』（一九六一）において、かつて難波大助の摂政宮狙撃事件（一九二三）のとき、その責任の追求が警固の警察をはじめ、犯人の出身地の小学校の校長や担任にまで及んだことに驚いた東大の外国人教師の文章をひくとともに、日本国家のみせた「無限責任」追及の拡がりは「正統教会と結合した帝政ロシア」においても見られなかったほどと記している。

三浦綾子の『氷点』（一九六五）に登場する医師啓造は、何度も教会の前にまで行きながら中に入りそびれている。

大岡昇平の『野火』（一九五二）には、兵としてフィリピンの山野をさまよう「私」が、ふと見つけた教会を何度も見失いながら出会う。それは会堂の頂に十字架を飾る村の教会に思われ、次のような感想を抱く。

十字架は私に馴染のないものではなかつた。私が生れた時、日本の津々浦々は既にこの異国の宗教の象徴を持つてゐた。私はまづ好奇心からそれに近づき、次いでそのロマンチックな教義に心酔したが、その後私の積んだ教養はどんな宗教も否定するものであり、私の青年期は「方法」によつて、少年期の迷蒙を排除することに費された。

しかし、このように一度は否定した教えにともなう思いは戦地における夢に遺されていた。その夢は、自分が教会に入ると、そのなかでは葬儀が営まれていて、祭壇の前に置かれていた寝棺の中に置かれていた遺骸は自分自身であった。夢から覚めると「私」は、この教会を訪ねようと思い立つ。しかし、ようやくたどり着いた教会には数人の日本兵の屍体があるのみで部落は無人だった。

遠藤周作の小説『沈黙』(一九六六)では、禁制下に日本に入国して捕らえられたロドリゴに対し、以前に逮捕された後、転向して今は信徒の取り調べに加担しているフェレイラとの問答が描かれている。両者の問答だけ取り出すと次のとおり。

まず、ロドリゴがフェレイラに告げる。

「あなたがこの国に来られた頃、教会がこの国のいたる所に建てられ、信仰が朝の新鮮な花のように匂い、数多い日本人がヨルダン河に集るユダヤ人のように争って洗礼をうけた頃です」

「だが日本人がその時信仰したものは基督教の教える神でなかったとすれば……」

この言葉をつぶやくフェレイラの頬には、ロドリゴを憐れむような微笑が残っていたと描く。ロドリゴは、密航の目的のひとつだった旧師の神父フェレイラと会うことができた。だが、その師は、今は転んで沢野忠庵との日本名を名乗る人間に変じていたのだった。

大江健三郎の『静かな生活』（一九九〇）に出てくる「重藤さん」は「K」から聞いた話として「日本の地方の教会でもその扉は金城鉄壁で、はっきり拒否されたから安心した。教会には信仰に全身全霊をささげてもっぱら魂のことをやっている人たちがいると納得することができた」と語っている。日本の教会の一面を表す言葉である。

藤原正彦は『国家の品格』（二〇〇五）のなかでカルヴァンの予定説にふれ「人間がどんな善行を重ねても、どんなに人格を磨いても、どんな高い地位についても、どんなに教会に寄進し祈りを捧げても、救済されるかどうかには無関係ということです」と述べている。

こうしてみてくると、「教会」への言及はきわめて多く、町の風景のみならず言葉のうえでも馴染みつつあることがわかる。なかには心の風景化の兆しも見せ始めている。「無教会」はその陰影の表れだろう。

なお、日本では、キリスト教の影響を受けて、近代において天理教、金光教なども教会を名乗っている。伝道とか伝道所という呼び方もふくめ、当時の新宗教には少なからぬ影響を与えた。

栄　光（えいくわう）

人の子は父《ちち》の栄光《えいくわう》を以《も》てその使等《つかひたち》と偕《とも》に来《きた》らん
（元訳、馬太伝一六・二七）

人《ひと》の子《こ》は父《ちち》の栄光《えいくわう》をもて、御使《みつかひ》たちとともに来《きた》らん
（改訳、マタイ伝同）

十字架にかけられてこの世を去ったキリストが、終末に再臨することの預言。「天上《いとたかき》ところには栄光《えいくわう》神にあれ地《ち》には平安人《おだやか》には恩沢《めぐみ》あれ」（元訳、路加伝二・一四）とあるように、「栄光」はカミなどに用いられ、「光栄」は人に使われてきた。しかし、近年では時々若いスポーツマンたちの挨拶のなかで混同される例に接する。「優勝の栄光を手にした○○高校」との新聞記事もある。ただし、「光栄」も「栄光」も共に『言海』にはない。

幸徳秋水は『帝国主義』（一九〇一）のなかで、ビスマルクのゲルマン民族統一の事業が、「共同の平和の福利」のためでなく「唯だ普魯西彼れ自身の権勢と栄光」のためだったのであり、また「普魯西王をして独逸皇帝《カイセル》の栄光を冠せしむるの統一のみ」であると批判。すなわち「栄光」

という言葉を用いることにより人として行為の越権をみているように思われる。

柳宗悦は『南無阿弥陀仏』（一九五五）において、西洋の教会建築を見ると、西方にローズ・ウィンドウ（華窓《はなまど》）が設けられている。「沈む太陽の光が、華窓の色様々な硝子《ガラス》に映ずる時、信者たちは神の国の栄光を想ひみたのである」という。ローズ・ウィンドウに「神の国」を垣間見たのであろう。

島尾敏雄は、加計呂麻島の特攻基地で死の出撃を待っていた気持ちを「自分で選んだ栄光の道と思っていた」と述べている（『われ深きふちより』一九五五）。

高橋和巳は『悲の器』（一九六二）のなかでは、主人公の法学者に「名誉の蜃気楼、快楽の夜都、そして疲労のはてに浮ぶ栄光のオーロラなら、なくもない」と言わせ、また、同じく大日本帝国憲法につき、「撤廃された法律——それは観光客の好奇の目にうつるポンペイの死都のようなものだ。いや死都も廃墟も、尚古の感傷には芸術化されるけれども、消え去った権力のあとの貝殻は、その栄光をも毒気をも失った、だじゃれにすぎない」と位置づけさせている。

三浦綾子の『氷点』（一九六五）にはヒロイン夏江の長男徹が、中学の卒業試験に際し、わざと白紙で提出し「卒業生総代の栄光を失ってしまった」話が記されている。

遠藤周作の『沈黙』（一九六六）では、ゴアに到着したロドリゴが発した最初の書簡のなかで、「主の平安。基督の栄光」と冒頭に記される挨拶として使われている。もちろん文学作品として記された本作品では日本語で記されているが、「神」およびキリストに関しては「栄光」を用いても、一般の人間に関しては「光栄」にとどめている。また、本書簡の中で、日本での殉教に関する言及にあたっては「栄光ある殉教」と記している。殉教者は天上の世界の人物とみなされるからだろう。

水村美苗の『日本語が亡びるとき』（二〇〇八）では、フランス語の歴史を述べているところで「十七世紀、フランスの太陽王ルイ十四世の宮廷の栄光を背に、もっとも洗練され、かつ理性的な言葉として、ヨーロッパ全土で広く流通するようになった言葉でもある（こちらは今のフランス語とほとんど変わらない）」と述べ、少し後でも「栄光あるフランス語」という表現が用いられている。

「栄光」は「神」や「天」に関して使われ、「光栄」は人や「地」に関し用いられるものとみなしてきたが、どうやら次第にこの線引きはぼやけ始めているようである。

偽証（ぎしょう）

妄《いつは》りの証《あかし》を立《たつ》る勿《なか》れ　（元訳、馬太伝一九・一八）
偽証《ぎしょう》を立《た》つる勿《なか》れ　（改訳、マタイ伝同）

「偽証」の禁止は、旧約聖書の出埃及記《しゅつえじぷと》、申命記などにも記されている。いわゆるモーセの十戒の一つで出埃及記二〇章一六節では「隣《となり》人に対して虚妄《いつはり》の証拠《あかし》をたつるなかれ」となっている。

なお最近、作家の宮部みゆきにより『ソロモンの偽証』（新潮社、二〇一二）と題され作品が出た。ソロモンは旧約聖書によると一子を我が子として争う二人の女性に対し名裁きをしたことで知られる（列王記上三章）。

日本の刑法一六九条では「偽証罪」を次のように定めている。

法律により宣誓した証人が虚偽の陳述をしたときは、三か月以上十年以下の懲役に処する

日本の刑法における歴史と偽証罪との関係も調べなくてはならないが、少なくとも歴史的には聖書の「偽証」が実定法に先行したとみてよい。

隣（となり）

己《おのれ》の如《ごと》く爾の隣《となり》を愛《あい》すべし　（元訳、馬太伝一九・一九）
己《おのれ》のごとく汝《なんぢ》の隣《となり》を愛《あい》すべし　（改訳、マタイ伝同）

「汝心《こころ》を尽《つく》し精神《せいしん》を尽《つく》し力《ちから》を尽《つく》して汝の神《かみ》ヱホバを愛《あい》すべし」は旧約全書の申命記六章五節にある言葉である。

新約全書馬太伝五章四三節には「爾の隣《となり》を愛《いつくし》みて其敵《あた》を憾《うら》むべし」とあるが、同書二二章三七－三九節には「イエス答えけるは爾《なんぢ》心を尽《つく》し精神《せいしん》を尽《つく》し意《こころばせ》を尽し主《しゅ》なる爾の神《かみ》を愛《あい》すべし　これ第一《だいいち》にして大《おほい》なる誡《いましめ》なり　第二《だいに》も亦《また》これに同じ己《おのれ》の如く爾の隣《となり》を愛すべし」とある。

この戒めは、しばしば孔子の『論語』の教えと対照される。『論語』では「己の欲せざる所は人に施すこと勿れ」（「顔淵」一二、「衛霊公」一五）とあって、東西倫理の積極性と消極性との相違とする見方もある。

聖書では、「爾午餐《ひるげ》あるひは晩餐《ゆふげ》を設《まふく》るとき朋友《ともだち》兄弟親類《しんるい》また富《とめ》る隣《となり》の人を請《まねく》な」（元訳、路加伝一四・一二）というように単なる隣近所の人ということもあるが、標記の語句や、「おのおの隣人《となりびと》の徳《とく》を建《た》てん為《ため》に、その益《えき》を図《はか》りて之《これ》を喜《よろこ》ばすべし」（改訳、ロマ書一五・二）のような教えは、縁もゆかりもない隣人、外国人をも含めた第三者までをさす。そういう意味の隣人に対する愛である。ここでは隣人という概念の大きな変革が語られている。

西田幾多郎は『善の研究』（一九一一）において、「汝の隣人を愛せよといふ道徳法は単に理解力に由りて明であるであらうか」（第三編第七章）と述べ、「他愛」が「自愛」にまさることの会得は、「理解力ではなくして我々の感情又は欲求である」とみる。

倉田百三も『出家とその弟子』（一九一七）のなかで、雪の日、親鸞が宿を借りた家で当主の左衛門に対し、「深重な罪の子を赦して下さる仏様を信じて下さい。そしてあなたの隣人をその心で愛して下さい」と説いている。この左衛門の息子がのちに親鸞の弟子となる唯円である。

長与善郎の『竹沢先生と云ふ人』（一九二五）では、竹沢先生の言葉として、「隣人に対する愛のための愛」という言葉は「人間にしかない独創物で、神にも宇宙にもそんなものはない」と言った話が紹介されている。その理由は「神」には「他人」がないからである。

イエスの言う「隣人」と「隣人に対する愛」をもっとも意識した日本の作家は、おそらく太宰治であろう。その作品から幾つか「隣人」に言及した言葉を取り上げよう（一九九八―九九年刊行の筑摩書房版『太宰治全集』による）。

誠実な人間とは、どんな人間だか知つてゐますか。おのれを愛するが如く他の者を愛する事の出来る人だけが誠実なのです。

（「風の便り」）

おのれを愛するが如く、汝の隣人を愛せよ。それからでなければどうにもかうにもなりやしないのだよ。

（「十五年間」）

汝等おのれを愛するが如く、汝の隣人を愛せよ。
これが私の最初のモットーであり、最後のモットーです。

（「返事」）

キリスト主義といへば、私はいまそれこそ文字通りのあばら家に住んでゐます。（中略）キリストの汝等己を愛する如く隣人を愛せよといふ言葉をへんに頑固に思ひこんでゐるらしい。

（「わが半生を語る」）

私の苦悩の殆ど全部は、あのイエスといふ人の、「己れを愛するがごとく、汝の隣人を愛せ」といふ難題の一つにかかつてゐると言つてもいいのである。

（「如是我聞」）

自分には禍《わざは》ひのかたまりが十個あつて、その中の一個でも、隣人が背負つたら、その一個だけでも充分に隣人の生命《いのち》取りになるのではあるまいかと、思つた事さへありました。

（「人間失格」）

阿部次郎の『三太郎の日記』（一九一四）には、「自分の準拠すべき道」として、「私が発見すべき「道」の少なくとも一つの重要なる内容は汝の隣人を愛せよといふことでなければならない」

の言葉がある。

原爆により女学校生として学校に通っていた次女を失った伊藤フミの手記「わが光・わが救い」（『天よりの大いなる声』一九四九）には「草花の好きだつたあの子の為に、何時も花を捧げ、あの子を愛するが如くに隣人を愛し、あの子が幼稚園の保姆さんになるのだと言つていたように幼な児を愛そう」と記されている。このばあいの「隣人」は、いうまでもなく、隣近所の隣人でなく万人である。

福永武彦の『草の花』（一九五四）に登場する青年たちの会話のなかに「友情というのは壁を持たない、それは同胞愛、隣人愛として、何処までもひろがって行けるものだ」との言葉がみられる。同書では、ほかにも主人公の汐見の言葉として「神を信じている人間でさえ、と僕は言った。隣人を愛することが義務だと思っている人間でさえ、戦争に反対しないぐらいだもの、どうして他の連中にそれが出来るだろう」との文章もある。

ソ連の文芸観を知った伊藤整は、『求道者と認識者』（一九六二）において、「自己を生かし、自己の満足するために作品を、隣人の希望や便宜を犠牲としてまで書くことは正しいだらうか？」との疑問をなげかけている。このばあいの「隣人」も物理的な隣の人ではないだろう。

このように「隣人」または「隣り人」という言葉を、文字通り隣近所の住人の意味から、人類一般の意味にまで普遍化した作用は聖書の言葉に負うとみてよいだろう。

農　夫（のうふ）

ある家《いへ》の主人葡萄園《ぶだうはたけ》を樹《つく》り籬《まがき》を環《めぐ》らし其中《なか》に酒榨《さかぶね》をほり塔《ものみ》をたて農夫《のうふ》に貸《かし》て他《ほか》の国《くに》へ往《ゆき》し（元訳、馬太伝二一・三三）

ある家主《いへあるじ》、葡萄園《ぶだうぞの》をつくりて籬《まがき》をめぐらし、中《なか》に酒槽《さかぶね》を堀《ほ》り、櫓《やぐら》を建《た》て、農夫《のうふ》どもに貸《か》して遠《とほ》く旅立《たびだち》せり（改訳、マタイ伝同）

『言海』には「農民」「農人」はあるが、「農夫」はない。

宮崎八百吉（湖処子）の『帰省』（一八九〇）には、主人公の郷里の身分構成につき次のように記している。

二十年前士族と平民の二級を以て組織せられし吾郷も、今は全く農家の村となれり。我も亦福岡よりの帰省と上京の間の月日は農夫なりき。

国木田独歩の『欺かざるの記』（一九一八）には、日曜の午後、近村に散歩に出たときの光景が次のように描かれている。

渡を渡りて広き野に出づ、農夫野に在るを見たり、犬吾等を見慣れず、甚だ吠ゆ。若し君、何かの必要で道を尋ねたく思はば、畑の真中に居る農夫にきき玉へ。農夫が四十以上の人であつたら、大声をあげて尋ねて見玉へ、驚て此方を向き、大声で教えて呉れるだらう。

吉田絃二郎も『小鳥の来る日』（一九二二）の「郊外に住みて」のなかで「正直な労働者、正直な農夫、正直な教師、正直な記者はいつでも貧乏で、いつでも馬鹿の様な生活を送らねばなりませぬ」と嘆いている。

なお二〇一八年に刊行されたばかりの聖書協会共同訳でも、このマタイ福音書二一章三三節の部分は、同じく「農夫」と訳されている。

隅の首石（すみのおやいし）

イエス彼等《かれら》に曰けるは聖書《せいしょ》に工匠《いへつくり》の棄《すて》たる石《いし》は家《いへ》の隅《すみ》の首石《おやいし》となれり

（元訳、馬太伝二一・四二）

イエス言《い》ひたまふ「聖書《せいしょ》」に、

造家者《いへつくり》らの棄《す》てたる石《いし》は、これぞ隅《すみ》の首石《おやいし》となれる

（改訳、マタイ伝同）

旧約聖書以賽亜《いざや》書二八章一六節にはヱホバの次の言葉がある。

われシオンに一《ひと》つの石《いし》をすゑてその基《もとゐ》となせり、これは試《こころみ》をへたる石《いし》たふとき隅石《すみいし》かたくすゑたる石《いし》なり、これに依頼《よりたの》むものはあわつることなし

また、旧約聖書の詩篇一一八篇二二節にも「工師《いへつくり》のすてたる石《いし》はすみの首石《おやいし》となれり」との

文章がある。

宮崎八百吉（湖処子）の『帰省』（一八九〇）では、故郷の叔父について「学齢に於ける病気の為に今日まで仮名をも読み得ざるなり。渠《かれ》は其手の無筆なるが如く、其心にも亦智識の首石《おやいし》なる区別の思想を有《も》つことなし」と評している。

以後、一般には、目立たないが欠かすことのできない存在に対し、「彼は隅の親石のような存在である」というように使われている。それとともに、「カミ」の計らいは世間の常識と異なることをも表している。

カイザルの物（かいざるのもの）

カイザルの物《もの》はカイザルに帰《かへ》しまた神の物《もの》は神に帰《かへ》すべし（元訳、馬太伝二二・二一）

カイザルの物《もの》はカイザルに、神《かみ》の物《もの》は神《かみ》に納《をさ》めよ　（改訳、マタイ伝同）

イエスの伝道中、パリサイ人、すなわちユダヤ教の学者たちは、イエスを試みようとしてカイザルに納税することの是非を尋ねた。イエスが「では貨幣を見せよ」と言ったので、彼らが貨幣一枚を見せると、イエスは、その貨幣に刻まれている像と記号とを尋ねた。「カイザルのものです」との答えを聞くや「カイザルの物はカイザルに神の物は神に帰しなさい」と答えた。当時、銀貨にはローマの皇帝ティベリウスの像が刻まれていた。その貨幣は税金の納入にも用いられていたともみられ、イエスはカイザルへの納入に拘泥しなかった。

この話は、一般に、宗教者の生き方および世界観と、現世的な生き方および世界観との相違の表現として使われている。

笠信太郎は著書『ものの見方について』（一九五〇）のなかで、キリスト者と社会主義者が容易に一つになれない理由として、キリスト教の「カイザーのものはカイザーに返せ」という教えが、とかく現実の社会的機構をそのまま容認する考え方になっているという。しかし、イギリスでは両者を結合する考え方があることを指摘している。ただし、このことだけに関して日本の社会主義運動の歴史をみるならば、安部磯雄や木下尚江ら最初の社会主義運動家の多くはキリスト信徒であり、その系譜は、のちの河上丈太郎や土井たか子にまでつながっていた。

兄弟（きやうだい）

なんぢらの師《し》は一人《ひとり》すなはちキリストなり爾曹はみな兄弟《きやうだい》なり

（元訳、馬太伝二三・八）

汝《なんぢ》らの師《し》は一人《ひとり》にして、汝等《なんぢら》はみな兄弟《きやうだい》なり

（改訳、マタイ伝同）

多《おおく》の人々イエスを環《めぐり》て坐《ざ》したりしが彼《かれ》に曰けるは視《み》よ爾の母《はは》と兄弟戸外《そと》に在《あり》て爾を尋《たづ》ぬ　イエス答《こたへ》て曰けるは我母《わがはは》わが兄弟《きやうだい》は誰《たれ》ぞや　斯《かく》て側《まはり》に坐《ざ》する人々を環視《みまは》して曰《いひ》けるは我母《わがはは》わが兄弟を見《み》よ　それ神《かみ》の旨《むね》に従ふ者は是《これ》わが兄弟わが姉妹《しまい》わが母《はは》なり

（元訳、馬可伝三・三二―三五）

群衆《ぐんじゆう》イエスを環《めぐ》りて坐《ざ》したりしが、或者《あるもの》いふ「視《み》よ、なんぢの母《はは》と兄弟《きやうだい》・姉妹《しまい》と外《そと》にありて汝《なんぢ》を尋《たづ》ぬ」　イエス答《こた》へて言《い》ひ給《たま》ふ「わが母《はは》、わが兄弟とは誰《たれ》ぞ」　斯《かく》て

周囲《まはり》に坐《ざ》する人々《ひとびと》を見回《みまは》して言《い》ひたまふ「視《み》よ、これは我《わ》が母《はは》、わが兄弟《きやうだい》なり。誰《たれ》にても神《かみ》の御意《みこころ》を行《おこな》ふものは、是《これ》わが兄弟《きやうだい》、わが姉妹《しまい》、わが母《はは》なり」

(改訳、マルコ伝同)

日本でもキリスト教会においては、たがいに会員を兄弟姉妹の言い方をするから、血縁のない人に対して「山本兄」とか「鈴木姉」と呼び合う。一般社会における手紙の宛名などで「山本一郎兄」などという風習は、その影響かどうか。

それに反して、徳富蘇峰と蘆花および内村鑑三と達三郎の兄弟のように、双方ともキリスト信徒でありながら不仲で知られた肉親の兄弟もいた。内村が、その『聖書之研究』誌において、さかんに「霊の兄弟」を強調していた時期は、達三郎との不仲の時期と符合する。

白く塗りたる墓（しろくぬりたるはか）

噫《ああ》なんぢら禍《わざはひ》なるかな偽善《ぎぜん》なる学者とパリサイの人よ爾曹は白《しろ》く塗《ぬり》たる墓《はか》に似《に》たり外《そと》は美《うるは》しく見《みゆ》れども内《うち》は骸骨《がいこつ》と諸《さまざま》の汚穢《けがれ》にて充《みつ》（元訳、馬太伝二三・二七）

禍害《わざはひ》なるかな、偽善《ぎぜん》なる学者《がくしや》、パリサイ人《びと》よ、汝《なんぢ》らは白《しろ》く塗《ぬ》りたる墓《はか》に似《に》たり、外《そと》は美《うつく》しく見《み》ゆれども内《うち》は死人《しにん》の骨《ほね》とさまざまの穢《けがれ》とにて満《み》つ（改訳、マタイ伝同）

見せかけの繁栄や巨大さや虚飾を誇る組織や建物などに対して「白く塗りたる墓」というような表現がみられるようになった。福田恆存《つねあり》の作品に『白く塗りたる墓』（河出書房、一九四八）、高橋和巳にも同題の作品（筑摩書房、一九七一）がある。

選民（せんみん）

選《えらば》れし者の為に其日《ひ》は少《すくな》くせらるべし　（元訳、馬太伝二四・二二）

選民《せんみん》の為《ため》にその日《ひ》少《すくな》くせらるべし　（改訳、マタイ伝同）

終末の日に関するキリストの言葉である。終末の日と救われる者の多少との関係に関する言及だが、一読してわかりにくい表現である。また、ここから、いわゆる選民思想や選民意識が生じる問題点もあった。

和辻哲郎は著書『風土』（一九三五）において、ヘーゲルの思想を紹介しつつ、彼のように欧州人を「選民」とする世界史観をきびしく批判している。確かに、ユダヤ教、キリスト教を背景とした選民意識、選民思想はナチスによって極まったが、日本においても「天孫民族」としてアジア進出を生じさせた。現代でも国会議員に対する「選良」という表現には、その影響がある。

方舟（はこぶね）

それ洪水《こうずい》の前《まへ》ノア方舟《はこぶね》にいる日《ひ》までは人々飲食嫁娶《のみくひとつぎめとり》などして　洪水《こうずい》の来《きた》り悉《ことごと》く之を滅《ほろぼ》すまで知《しら》ざりき此《かく》の如《ごと》く人の子も亦《また》きたらん（元訳、馬太伝二四・三八）

曾《かつ》て洪水《こうずゐ》の前《まへ》ノア方舟《はこぶね》に入《い》る日《ひ》までは、人々《ひとびと》飲《の》み食《く》ひ、娶《めと》り嫁《とつ》がせなどし、洪水《こうずゐ》の来《きた》りて悉《ことごと》く滅《ほろぼ》すまでは知《し》らざりき（改訳、マタイ伝同）

ここでは旧約聖書創世記の、いわゆるノアの方舟の話が語られている。ノアの方舟は洪水に備えて用意されたが、安部公房の『方舟さくら丸』（新潮社、一九八四）は原爆にそなえた地下壕である。

ノアの洪水の出来事は、「神」のはからいの人間にははかりしれない事をあらわしている。

イスカリオテのユダ

其《その》とき十二弟子《じふにでし》の一人なるイスカリオテのユダと云《いへ》るもの祭司《さいし》の長等《をさたち》の所《もと》に往《ゆき》て曰けるは　我《われ》なんぢらに彼《かれ》を売《わた》さば幾何《なにほど》を予《あたふ》るか遂《つひ》に銀《ぎん》三十にて約《やく》したり

（元訳、馬太伝二六・一四―一五）

ここに十二弟子《じふにでし》の一人《ひとり》イスカリオテのユダといふ者《もの》、祭司長《さいしちやう》らの許《もと》にゆきて言《い》ふ、「なんぢらに彼《かれ》を付《わた》さば、何《なに》ほど我《われ》に与《あた》へんとするか」彼《かれ》ら銀三十《ぎんさんじふ》を量《はか》り出《いだ》せり

（改訳、マタイ伝同）

ユダという名前はイスラエル民族に多く、聖書にも少なからず登場するが、イエスを裏切ったユダはイスカリオテのユダと称される。しかし、後世にはユダだけで裏切り者、反逆者として用いられることが多くなった。

石川達三の『風にそよぐ葦』（一九五〇／五一）には、主人公の雑誌経営者の息子が自由主義者

の父に対し「或る不逞な思ひつきに興奮してゐた。国家のために、日本の戦争を勝利にみちびくために、イスカリオテのユダの役目を果したらどうであらう」と考え、ついに警視庁あてに父の密告状を出すにいたる。

契　約（けいやく）

爾曹《なんぢら》みな此 杯《さかづき》より飲《のめ》　これ新約《しんやく》の我血《わがち》にして罪《つみ》を赦《ゆる》さんとて衆《おほく》の人の為に流《ながす》所のもの也

（元訳、馬太伝二六・二七―二八）

なんぢら皆《みな》この酒杯《さかづき》より飲《の》め。これは契約《けいやく》のわが血《ち》なり、多《おほ》くの人のために罪の赦を得させんとて、流す所のものなり

（改訳、マタイ伝同）

三木清の『人生論ノート』（一九四一）に次の一節がある。

すべての人間が利己的であるといふことを前提にした社会契約説は、想像力のない合理主義の産物である。社会の基礎は契約でなくて期待である。社会は期待の魔術的な拘束力の上に建てられた建物である。

原爆の記録『天よりの大いなる声』（一九四九）には、中尾一真の詩「契約の虹」が掲載されている。原子爆弾の中心地近くを歩いた朝を想起しながら、その焦土の近くに、広島キリスト教青年会館の建設用地が設けられていることに託して詠まれた。題名には次の旧約聖書創世記の文章が添えられている。

我わが虹を雲の中に起さん
是我と世との間の契約の徴なるべし
創世記九章十三節

中尾の詩の末尾は「契約の虹天地をつなぎて中空にかかる」の言葉で結ばれている。この「契約の虹」は、「カミ」が洪水によりすべてをほろぼした後、ノアに対して、「地を滅ぼす洪水再びあらざるべし」と告げ、その「徴《しるし》」として起こした虹とみたのであった。
高橋和巳の小説『悲の器』（一九六二）では、主人公の法学者が家政婦を採用するときの光景が次のように描かれている。

「給料は……、」と私が言いかけたとき、「いいえ、そんなこと。」と彼女は制した。しかし雇傭である以上は、条件・給与・休暇などは事前にはっきりと契約として取り交わさねばならない。それが私の主義でもある。

「旧約」または「新約」という言葉が示すように、「カミ」と人間との関係の基盤に「契約」を置く思想は、すべて血縁、地縁、「コネ」によって支配されてきた日本社会にとっては大革新といってよい。ところが、その実態となると、教会の教職者人事においてさえも、いまだに学閥の支配力が強いとされている。
パナソニックの創業者松下幸之助の『私の行き方考え方』（一九六二）には、販売に関する先方との話のなかで「期間満了して、当方がかってにやることは契約上さしつかえないわけであるが、松下はそんな情味のない考えは持っておらない。契約のいかんにかかわらず、両者が取引きをしていくことを望むものである」との話が記されている。「契約」の世界といっても「情味」

が顔をのぞかせている。

接　吻（くちつけ）

我《わ》が接吻《くちつけ》する者は夫《それ》なり之を執《とら》へよ　（元訳、馬太伝二六・四八）
わが接吻《くちつけ》する者《もの》はそれなり、之《これ》を捕《とら》へよ　（改訳、マタイ伝同）

イエスの十二弟子の一人ユダが、買収されてイエスを売り渡すにあたり、官憲に告げた約束の行為と言葉。「接吻」という言葉は、「くちつけ」でも「せつぷん」でも『言海』にはない。ただし中国語訳聖書には「接吻」の文字が使われている。

旧約全書の創世記ではイサクが子のヤコブに対して「吾子《わがこ》よ近《ちか》くよりて我《われ》に接吻《くちつけ》せよ」（二七・

二六）と言っている。聖書では普通の言葉である。しかし、一八八〇（明治一三）年、札幌の会合に出席した外国人たちが、たがいに接吻を交わして挨拶する光景を見て、内村鑑三ら札幌のキリスト信徒たちは大声で笑い出している（内村鑑三『*How I Became a Christian*（余はいかにしてキリスト信徒となりしか）』）。

宮崎八百吉（湖処子）の『帰省』（一八九〇）では、数年ぶりに人力車に乗って故郷の土を踏んだ主人公は、感極まり「我思はすも車を飛ひ下りて其土に接吻したり」。

島崎藤村の『春』（一九〇八）には、藤村自身も一時教師を勤めた明治女学校が描かれている。卒業式も近づいた同校の生徒たちの噂話として「誰とかさんはある先生から接吻《キッス》を頂戴したさうだ、接吻というものは親子夫婦の間に限ると思つたが先生から頂戴することもあると見える」と言って笑いころげている風景が描かれている。

現代の一般的な接吻の例を三島由紀夫の『仮面の告白』（一九四九）から「私」と「千枝子」との間の記述の一部から引いておこう。

書生がかえるまで私たちは際限なく接吻をつづけていた。接吻だけよ、接吻だけよ、と彼女は言いつづけていた。

新酒（あたらしきさけ）

あたらしき酒《さけ》を舊《ふる》き革嚢《かはぶくろ》にいるゝ者《もの》あらじ若《も》し然《しか》せば新酒《あたらしきさけ》は其嚢《ふくろ》を破裂《はりさき》て酒《さけ》もれいで革嚢《かはぶくろ》も亦壊《すた》るべし新酒《あたらしきさけ》は新《あたら》しき革嚢《かはぶくろ》に盛《いる》べきもの也（元訳、馬可伝二・二二）

誰《たれ》も新《あたら》しき葡萄酒《ぶだうしゆ》を、ふるき革嚢《かはぶくろ》に入《い》るることは為《せ》じ、もし然《しか》せば、葡萄酒《ぶだうしゆ》は嚢《ふくろ》をはりさきて、葡萄酒《ぶだうしゆ》も嚢《ふくろ》も廃《すた》らん（改訳、マルコ伝同）

イエスが、従来の教えを破り罪人たちと食事を共にする光景を見て、これをとがめたユダヤの学者たちに対して発した言葉。新しい教えは新しい生き方をともなう言葉として、広く用いられるようになる。

安息日（あんそくにち）

安息日《あんそくにち》は人の為《ため》に設《まうけ》られたる者《もの》にして人は安息日の為に設《まうけ》られたる者に非《あら》ず　然《され》ば人《ひと》の子《こ》は安息日《あんそくにち》にも主《しゆ》たる也
（元訳、馬可伝二・二七―二八）

安息日《あんそくにち》は人《ひと》のために設《まう》けられて、人《ひと》は安息日《あんそくにち》のために設《まう》けられず、然《さ》れば人《ひと》は安息《あんそく》日《にち》の主《しゆ》たるなり
（改訳、マルコ伝同）

イエスは、律法をはじめとする宗教の教えが、本来なんのためにあるかを問い、本末転倒を戒めた。天地創造を終えた「カミ」が七日目に休んだことにあやかり、安息日は旧約聖書の出エジプト記二〇章八―一一節には十戒の第四戒として定められていた。いうまでもなく、現在の日曜日の起源である。

近代以前、日本では休日といえば盆と正月しかなかった。それが一八七三（明治六）年の太陽暦の採用、一八七六年の公務員に日曜休日制の導入により日曜日を安息日とみる制度が出来た

が、一般の職業にまで普及するのには時間がかかった。農家では田植え後の「農休み」、盆と正月しか休みはなかった。職人の休みも多くは一日と一五日だった。ただし日曜日を精神的な安息日とみる考えは、今日の日本でも多かれ少なかれキリスト教の浸透と並行している。

イギリスのパブリック・スクールを紹介した著書『自由と規律』（一九四九）のなかで著者池田潔は、イギリスで迎える日曜日が、学校も町もすべて休みとなって退屈な日となる状況にふれ、「七日に一度ずつ、このような文字通りの安息日をもつことは、むしろ心身に好影響を与えるかも知れない」とみている。

野上弥生子の『森』（一九八五）では、ヒロインの故郷で医院を営むキリスト教信徒の医者につき、「彼には安息日はない。急患が知らされると、日曜日でも飛び出し、へんぴな山つづきの地帯でくるまが駄目なら、すたこら二本の脚にまかせて往診を繰り返すのを厭わなかった」とある。

牧者なき羊（かふものなきひつじ）

イエス出《いで》て多《おほく》の人《ひと》を見《みる》に彼等は牧者《かふもの》なき羊《ひつじ》の如《ごと》き者なるに因《より》て之を憐《あはれ》み許多《さまざま》の事を教《をしへ》はじめぬ　（元訳、馬可伝六・三四）

イエス出《い》でて、大《おほい》なる群衆《ぐんじゆう》を見《み》その牧《か》ふ者《もの》なき羊《ひつじ》の如《ごと》くなるを甚《いた》く憐《あはれ》みて、多《おほ》くの事を教《をし》へはじめ給《たま》ふ　（改訳、マルコ伝同）

教会の教師のことを「牧師」と呼んだり、その教会における仕事を「牧会」という表現はここから来ている。また、この表現から発展して「飼う者なき羊」というと、統率者を欠く群衆の無秩序状態を表すようになる。

「迷《まよ》へる羊《ひつじ》」（馬太伝一五・二四）については前掲（125―126頁）を参照されたい。

奇跡（ふしぎ、きせき）

心の愚頑《にぶき》に因《より》てパンの奇跡《ふしぎ》をも覚《さとら》ざりし也　（元訳、馬可伝六・五二）

彼《かれ》らは先《さき》のパンの事《こと》をさとらず、反《かへ》つて其《そ》の心鈍《こころにぶ》くなりしなり　（改訳、マルコ伝同）

イエスが五千人もの大群衆を、たった五個のパンによって食べ飽きさせた話である。今日では「奇跡《きせき》」と読ませるが、『言海』にはまだ「奇跡」の言葉はなかった。類似の言葉として「奇瑞《きずゐ》」があるが、これは「メデタキ象《シルシ》」の意味となり、今でいう奇跡とは若干異なる。

三島由紀夫は『仮面の告白』（一九四九）のなかでセバスチャンの殉教と再生にふれ「この伝説の蘇生の主題は、〝奇蹟〟の要請に他ならぬ。あの無数の矢創《やきず》から、どのような肉体がよみがえるというのか！」と記している。セバスチャンはローマ皇帝ディオクレティアヌスの親衛隊長であったが、キリスト信徒であることが露見して無数の矢を射込まれて刑死した。しかし一度は敬虔な寡婦の介抱により蘇生したとされる。疫病の守護聖人となる。

井伏鱒二の『黒い雨』（一九六六）には、主人公は、原爆による傷病から回復途上にある義弟を持つ医師より次のような文面の手紙を受け取る。

一つには患者にとりて旺盛なる闘病精神は如何に肝要なるものかを御認識願い度き意味も有之り候。また一つには偶然の結果として、重症患者にも奇跡的な恢復無きにしも非ざることを付言致し度き意味も有之り候。

著者は、これを読み、同じく原爆症を病む姪をかかえた主人公に、「奇跡だな」と何度も言わせている。

救主（すくひぬし）

我霊《わがたましひ》はわが救主《すくひぬし》なる神を喜《よろこ》ぶ　（元訳、路加伝一・四七）
わが霊《れい》は、わが救主《すくひぬし》なる神《かみ》を喜《よろこ》び奉《まつ》る　（改訳、ルカ伝同）
今日《こんにち》ダビデの邑《むら》に於《おい》て爾曹の為《ため》に救主《すくひぬし》うまれ給《たま》へり　（元訳、路加伝二・一一）
今日《けふ》ダビデの町《まち》にて汝《なんぢ》らの為《ため》に救主《すくひぬし》うまれ給《たま》へり　（改訳、ルカ伝同）

ほかにエペソ書にも「キリストの身《み》は救主《すくひぬし》なり」（元訳、以弗所書五・二三）「キリストは自《みづか》ら体《からだ》の救主《すくひぬし》」（改訳、エペソ書同）とあるが、その文章は、妻の夫への服従を説いた箇所で、キリストを救主《すくひぬし》という言葉は唐突のように見受けられる。しかし、キリストが教会のために自己の命を捨てた意味で教会はキリストを救い主としている。それならば、同じように夫は妻のために命を捨てなくてはならないことになろうか。

柳宗悦は著書『南無阿弥陀仏』（一九五五）のなかで、イエスには歴史性があるのに対して、阿弥陀仏には歴史性がないとの批判に対して、「併しイエスに於てもその本体的なものはクリストである。イエスとクリストとは混同されてはなるまい。クリストは救主の意であって、それはロゴスであり法である。クリストという法体が、イエスという人間に化現したと見てよい」と「法体」としてのクリストと「化現」としてイエスとを分けている。

それとは別に一般社会においては、救い主という言葉自体が、これよりも広く使われるようになり、団体や会社の急場の危機を救った人にも用いられる。

笛ふけども（ふえふけども）

童子《わらべ》市に坐《ざ》し互《たがひ》に呼《よび》て我儕笛《ふえ》ふけども爾曹踊《おどら》ず悲歌《かなしみ》をすれども爾曹哭《なか》ず

（元訳、路加伝七・三二）

童《わらべ》、市場《いちば》に坐《ざ》し、たがひに呼《よ》びて
「われら汝《なんぢ》らの為《ため》に笛吹《ふえふ》きたれど、汝《なんぢ》ら踊《をど》らず、嘆《なげ》きたれど、汝《なんぢ》ら泣《な》かざりき」
（改訳、ルカ伝同）

イエスに先立ち、人々に洗礼を勧めたヨハネの言葉に反し、それに従わなかった人々をイエスがたとえた言葉。今日では、一般に宣伝などに安易に乗じない人々を「笛ふけどもだなあ」と嘆く場合にも使われる。

ソロモンの智慧（ソロモンのちゑ）

地《ち》の極《はて》よりソロモンの智慧《ちゑ》を聴《きか》んとて来《きた》れり
（元訳、路加伝一一・三一）

ソロモンの智慧《ちゑ》を聴《き》かんとて地《ち》の極《はて》より来《きた》れり　（改訳、ルカ伝同）

ダビデの子でイスラエルの王になったソロモンは、旧約聖書列王紀略上四章によると「智慧と聡明」の甚大な王として知られている。実子争いをする二人の女を裁くにあたって、子を剣で二分して両者に与えようと提案した。すると一方の女が必死になって、その子を殺さずに先方に渡すように求めた。これにより、その懇願した方が実母と認定した（同三章）。これに似た話は、日本でも「大岡裁き」にあり、話の伝播との見方もある。また画家プッサン（Pussain, Nicola 1594-1665）による「ソロモンの審判」の絵も名高い。

パリサイ人（パリサイひと）

慾《よく》ふかきパリサイの人々此事《このこと》を聞《きき》てイエスを嘲哂《あざけり》たり　（元訳、路加伝一六・一四）

慾深《よくふか》きパリサイ人等《ひとら》この凡《すべ》ての事《こと》を聞《き》きてイエスを嘲笑《あざわら》ふ（改訳、ルカ伝同）

イエスが前掲の「なんぢら神《かみ》と財《たから》とに兼事《かねつかふ》ること能《あたは》ず」と言ったことに対するパリサイ人の反応である。パリサイ人は、ユダヤ教にあって律法の厳守を主張する一派であり、ユダヤ教の伝統的解釈に反するイエスの言行を非難した。

阿部次郎は『三太郎の日記』（一九一四）のなかで、自分の思想につき批判的な反応を示した「A」に対し、「認識者としての生活のみならず又道徳の生活に於いても、極めて軽い、極めて無邪気な意味に於いてパリサイ人らしく無神経なところがないか」と応じている。

このように人を評して「パリサイ的」というと「偽善的」、「形式的」という言い方と同然になっている。

芥子種一粒（からしだねひとつぶ）

もし芥子種一粒《からしだねひとつぶ》ほどの信《しん》あらば此桑樹《くはのき》に抜《ぬけ》て海に植《うは》れと曰《いふ》とも爾曹《なんぢら》に従《したが》ふべし

（元訳、路加伝一七・六）

もし芥子種一粒《からしだねひとつぶ》ほどの信仰《しんかう》あらば、此《こ》の桑《くは》の樹《き》に「抜《ぬ》けて海《うみ》に植《うは》れ」と言《い》ふとも汝《なんぢ》らに従《したが》ふべし

（改訳、ルカ伝同）

イエスの弟子たちが、「どうしたら信仰を増すことができますか」と聞いた問いに対するイエスの答えである。百の善行よりもひとつの信仰という言い方は、日本の鎌倉仏教にも共通する教えであるが、微小な信仰の例として芥子種を出したことから、芥子種そのものも、微小なものの例として使われるようになった。なおマタイ伝一三章三一―三二節では、「天国は一粒の芥子種のごとし」（改訳）であり、人次第で大きな結果をもたらすところにたとえている。

楽　園（パラダイス）

イエス答《こたへ》けるは誠《まこと》に我《われ》なんぢに告《つげ》ん今日《けふ》なんぢは我《われ》と偕に楽園《パラダイス》に在《をる》べし

（元訳、路加伝二三・四三）

イエス言《い》ひ給《たま》ふ「われ誠《まこと》に汝《なんぢ》に告《つ》ぐ、今日《けふ》なんぢは我《われ》と偕《とも》にパラダイスに在《あ》るべし

（改訳、ルカ伝同）

十字架の刑に付されたイエスと同じ刑に付された罪人との会話。自分らは処刑されても当然だがイエスは何もしていないと述べた罪人に対し、イエスの応じた返事。

旧約聖書の創世記二章によると「カミ」はパラダイスに「生命《いのち》の樹《き》および善悪《ぜんあく》を知《しる》の樹《き》」を生じさせ、同園のすべての樹の実を食べることを許したが、「善悪《ぜんあく》を知《しる》の樹《き》」の実は食べることを禁じた。それを食べたら死ぬとした。なぜなら、それを食べたら「カミ」と同じになり善悪を知ることになるからである。しかし、イブは蛇にそそのかされてこれを食べ、アダムもイブに倣っ

た。その結果、アダムとイブは楽園を追放される（失楽園）。それとともに人類は、働いて生活をたて、最後は土に帰る定めとなる。

「パラダイス」は一般的にも理想郷として使われるようになる。「楽園」という言葉だけなら、日本でも後楽園、偕楽園というように昔からあったが、「失楽園」は聖書やミルトンの詩Paradise Lostの影響だろう。聖書の言葉としては理想郷の意味のパラダイスが浸透した。戦後間もなく、岡晴夫の歌謡曲「青春のパラダイス」（一九四六）が流行し、現実世界の楽園として歌われた。一方、北朝鮮が楽園として推奨された時期がある。そのため筆者の知人で北朝鮮出身者の男性と結婚した日本人女性は、故郷への帰還を強く望んだ夫と、結局離婚する悲劇を味わった。現在では、都会で定年を迎えた人が田舎住まいにあこがれ、その生活を「楽園」として描く番組まである。しかし、「楽園」の夢破れて都会に戻っている人も。

宮崎八百吉（湖処子）は著書『帰省』（一八九〇）において、東京の郊外の散策を試みたところ故郷を想起、次のように記している。

我は今斯楽園より出て迷へり。是は生涯迷ふの迷ひなる乎、抑も復らん為の迷なる乎。我が嚮に他郷に得たる故郷の快楽と、今又他郷に得たる故郷の景色は我が立出でし楽園の果敢なき筐《かたみ》乎。

同じく宮崎は故郷について「単簡なる生活を行ること吾郷の如き村落は、実に帝都を去る遠からず、楽園の模型も尋ね難きにあらざるが如し」とみている。

西田幾多郎は『善の研究』（一九一一）の序文で楽園に関する「禁断の果」につき次のように述べている。

　思索などする奴は緑の野にあつて枯草を食ふ動物の如しとメフイストに嘲らるゝかも知らぬが、我は哲理を考へる様に罰せられて居るといつた哲学者もある様に、一たび禁断の果を食つた人間には、かゝる苦悩のあるのも已むを得ぬことであらう。

国木田独歩は、佐々城信子と散歩に出た当日の日記に次のように記している。

　吾等二人手を携へて源三位洞窟の茶屋を訪ひ、それより尚ほ渓流を遡りて橋を渡り、淋しき谷に至りて止む。秋晴幽谷、太陽満山、人影絶寞、此の時、此の境に愛恋の二人相携へて朝の歓喜を胸にたたみつつ歩む。何の不足する處ぞ。一生のパラダイスなり。

（『欺かざるの記』一九一八）

武者小路実篤の作品『友情』（一九二〇）には、主人公の青年野島が、友人の妹杉子と「夫婦になることを考へる、それは楽園にゐることを考へるやうなものだつた」と描かれている。すなわち、アダムとイブが、禁断の木の実を食べる前の、全くなんの心配もない手放しの楽しい日々、野島は、そんな杉子との生活を夢見たのであった。

吉田絃二郎は『小鳥の来る日』（一九二一）において、キリストについて述べたところで「キリストは宗教の楽園から追はれて私たちの穢土に落ちて来た。彼はほんたうな意味で、私たちの道伴れとなつたのであつた」という。

和辻哲郎も『風土』（一九三五）において「沙漠に遊牧せるこの族に取つては水に豊かなカナーンの地は楽園の如くに見えた」という。

中村真一郎は『死の影の下に』（一九四七）のなかで、幼くして母を失った「私」のもとへ、都会から送られてくる父の贈り物は「東京や大阪や上海を宝物の咲き満ちた楽園のやうに錯覚させた」。さらに「大都会の上空に、モーニングを着た父親は大きく神のやうに立ち、周囲に友人達を天使の群のやうに居流れさせ」といる存在に思われた。

大岡昇平の『野火』（一九五二）では、フィリピンにおけるアメリカとの戦争中、病院に収容されていた「私」が、その病院の襲撃にあい脱出、二、三日後にたどり着いた小屋には、もう住人はいなかったが、鶏もいて畑も残されていた。「私」にとっては「楽園」だった。そこで「日本軍が全滅し、叢林に屍体の横たはつた大領域を空想したが、私自身がこの楽園に生きながら、友軍が滅びたと空想したのはかなり奇妙である」と描いている。

野上弥生子の『森』（一九八五）では、洋画修業のため篠原健（荻原碌山にあたる）が岡野直巳（巖本善治、同）に対して「もしアメリカへ行った後、現在の生活をふり返って見たら、楽園を追われたもののごとく感ずるに違いないことも知っています」と渡米の決意を披瀝している。

羔　羊（こひつじ）

世《よ》の罪を任《お》ふ神の羔《こひつじ》を観《み》よ

（元訳、約翰伝一・二九）

視《み》よ、これぞ世《よ》の罪《つみ》を除《のぞ》く神《かみ》の羔羊《こひつじ》

（改訳、ヨハネ伝同）

広島の原爆の記録『天よりの大いなる声』（一九四九）には、女学校生として勤労動員中に原爆に遭遇、全身やけどを負いながら逃げまどった村本節子の「羔羊の歌」と題された記録が収められている。一般には頼るものなき弱き存在を意味する。

『言海』には「子羊」はあっても「羔羊」はなく、「羔羊」の文字を用いた「こひつじ」は聖書によって流布したか。教会によっては高校生の会を「羔会《こひつじ》」と称している。

メシヤ

我儕《われら》メッシヤに遇《あへ》りメッシヤを訳《とけ》ばキリストなり　（元訳、約翰伝一・四一）

われらメシヤ（釈《と》けばキリスト）に遇《あ》へり　（改訳、ヨハネ伝同）

シモン・ペテロとその兄弟アンデレのうち、アンデレが先にイエスに会い、このように伝えた。二人ともやがてイエスの弟子となる。

メシヤは「油を注がれた者」すなわち王を意味したが、政治的救済者待望が魂の救済者待望の念になり、イエスは後者の「メシヤ」と期待された。改訳エペソ書五章二三節には「救主《すくひぬし》」の言葉もある。

大江健三郎の『静かな生活』（一九九〇）のなかにタルコフスキー監督の『ストーカー』と題した映画作品の話が登場する。そのなかで「重藤さん」は「おれには隕石による大災厄の後の「千年王国」を、子供がメシアとなって指導するという話が魅力的に感じられるがな」と言う。

「メシヤ」すなわち救済者としての王に対する待望から救世主という言葉も生じ、プロ野球の世界でも、投手不足の球団を救う選手が現れると「巨人の投手陣の救世主」などと称される。

何処へ（いづこへ）

われ何処《いづこ》より来《きた》り何処《いづこ》へ往《ゆく》を知《しれ》ばなり爾曹はわが何処《いづこ》より来《きた》り何処《いづこ》へ往《ゆく》を知《しら》ざるなり

（元訳、約翰伝八・一四）

我《われ》は何処《いづこ》より来《きた》り何処《いづこ》に往《ゆ》くを知《し》る故《ゆゑ》なり。汝《なんぢ》らは我《わ》が何処《いづこ》より来《きた》り、何処《いづこ》に往《ゆ》くを知《し》らず

（改訳、ヨハネ伝同）

最期の時が近づいたイエスが語った言葉。ポーランドの作家シェンキェヴィッチ（Sienkiewicz, Henryk）の小説の映画化作品『クオヴァディス』（Quo Vadis）は、このラテン語訳聖書にもとづく言葉である。日本では『何処へ』と題した作品が正宗白鳥、石坂洋次郎らにあり、おそらく聖書のこの言葉が念頭にあったとみたい。

真理（まこと、しんり）

真理《まこと》は爾曹に自由《じゆう》を得《え》さすべし　（元訳、約翰伝八・三二）
真理《しんり》は汝《なんぢ》らに自由《じいう》を得《え》さすべし　（改訳、ヨハネ伝同）

「真理」に「しんり」の訓を付したものは『言海』にあるが「まこと」はないのでここに取り上げておく。

国会図書館の本館出納台上部の壁面には、初代館長金森徳次郎筆による「真理がわれらを自由にする」の言葉が掲げられている。その右横にギリシア語による聖書の言葉 'Η ΑΛΗΘΕΙΑ ΕΛΕΥΘΕΡΩΣΕΙ ΥΜΑΣ. もみられる。その由来は、建設当時、参議院図書館運営委員会委員長だった羽仁五郎が、かつてドイツで見たフライブルク大学図書館に刻まれていた銘文によるとされる。

礼拝（をがみ、れいはい）

礼拝《をがみ》のため節筵《いはひ》に上《のぼ》れる者《もの》の中にギリシヤの人《ひと》あり　（元訳、約翰伝一二・二〇）

礼拝《れいはい》せんとて祭《まつり》に上《のぼ》りたる者《もの》の中《うち》にギリシヤ人《びと》、数人《すにん》ありしが　（改訳、ヨハネ伝同）

礼拝という言葉は「れいはい」「らいはい」のいずれのよみでも『言海』にはない。

清沢洌は、昭和一八（一九四三）年六月一二日の日記において『読売新聞』の同日付けに掲載された武藤貞一の「宗教学校」と題した記事を掲げるとともに、次のような感想を記している。

> 読売新聞で武藤貞一という男が、盛んにミッション・スクールやキリスト教を攻撃しだした。ソ連においては礼拝を許して宗教を許している。この時に、国内に不和を起そうというのか。武藤という男などは戦争の発頭人だ。こうした男を読売がかつぐのは何事か（立教大学をも攻撃した由）。　（『暗黒日記』一九五四）

武藤貞一（一八九二―一九八三）は一九二三年に朝日新聞社に入社し、一九一九年から読売新聞社の主筆となり、さかんにアメリカおよびソ連との戦争を主張した人物。

国王などに対しては「拝礼」という言葉が用いられるが、「礼拝」は神仏に限られている。

一粒の麦（ひとつぶのむぎ）

一粒《ひとつぶ》の麦《むぎ》もし地《ち》に落《おち》て死《しな》ずば惟一《ただひとつ》にて存《あら》ん　もし死《しな》ば多《おほく》の実《み》を結《むす》ぶべし

（元訳、約翰伝一二・二四）

一粒《ひとつぶ》の麦《むぎ》、地《ち》に落《お》ちて死《し》なずば、唯一《ただひと》つにて在《あ》らん、もし死《し》なば、多《おほ》くの果《み》を結《むす》ぶべし

（改訳、ヨハネ伝同）

島木健作の『続生活の探求』（一九三八）では、学業途中で実家に帰り農業生活に入った駿介が「号令する指導者であるよりは一粒の麦であらう」と願う。

石坂洋次郎にも『麦死なず』（改造社、一九三六）と題した小説があるが、その末尾には「麦死なば多くの実を結ぶべし――糞！　俺はそんな儲ける算段は大嫌ひだ！」とある。しかし他方、『わが半生の記』（新潮社、一九七五）では「麦を死なせては、心身共に薄弱な私が生きていけないのである」と告白させている。

日本ではジッド（Gide, André Paul Guillaumt）の作品『一粒の麦もし死なずば』でも知られる。

無　学（むがく）

彼等《かれら》ペテロとヨハネの忌憚《いみはばか》る所なきを見《み》て其無学《むがく》の小民《いやしきもの》なるを識《しれ》ば之《これ》を奇《あやし》みたり

（元訳、使徒行伝四・一三）

彼《かれ》らはペテロとヨハネとの臆《おく》することなきを見《み》、その無学《むがく》の凡人《ただびと》なるを知《し》りたれば、之《これ》を怪《あや》しみ　（改訳、使徒行伝同）

「無学」という言葉も『言海』にはない。

柳宗悦の『南無阿弥陀仏』（一九五五）では、「妙好人」について次のような記述がある。

片田舎に住む無学な人々のなかに、極めて篤く安心を得ている人々がある。特に念仏宗の中にそういう有難い信者が現れてくる。彼らを尊んで「妙好人」という。考えると美しい民芸品は「妙好品」とも呼ぶべきではないか。とても性質や事情が似ているのである。それらは主に無学な職人たちの手で育てられる。

鎌倉時代の仏僧に無学祖元という帰化僧がいたから、これは仏教とも共通する表現かもしれない。

学術（がくじゅつ）

モーセ尽《ことごと》くエジプト人の学術《がくじゅつ》を教《をしへ》られ言《ことば》と行《わざ》とに才能《ちから》あり
（元訳、使徒行伝七・二二）

モーセはエジプト人《びと》の凡《すべ》ての学術《がくじゅつ》を教《をし》へられ、言《ことば》と業《わざ》とに能力《ちから》あり
（改訳、使徒行伝同）

「学術」の言葉は『言海』にない。したがって聖書用語というよりは、聖書において比較的早く用いられた言葉とみてよいかもしれない。

清沢洌の『暗黒日記』（一九五四）によると、昭和一八（一九四三）年一月一二日、清沢は「国民学術会議」に出席して久しぶりに三木清と会っている。本書の注記によると同会は正式には国民学術協会と言い、一九三九年に中央公論社社長嶋中勇作、三木清、清沢洌を世話役として始められた民間アカデミーで事務所は中央公論社に置かれた。

また、現在ある日本学術会議は、「学者の国会」と称せられている公的機関である。二〇二一年、同会議により推薦された会員六名の任命を、菅義偉首相が拒否、その理由を明かさなかったために、一般社会から批判と非難が生じた。

荊ある鞭（とげあるむち）

荊《とげ》ある鞭《むち》を蹴《ける》は難《かた》し　（元訳、使徒行伝九・五）

イエスの処刑後、拡がるキリスト信徒たちの迫害につとめていたサウロ（パウロ）は、ダマスコに向かう途上、イエスが出現、天からの強烈な光により倒れたサウロに対し「サウロサウロ何ゆえ我を窘迫《せむる》や」との声とともに告げられた言葉。「荊《とげ》ある鞭《むち》」は、とげの付いた突き棒であり、それを蹴ると、そのとげにより、かえって痛い目にあうことを喩えるばあいに用いられる。

改訳には「サウロ、サウロ、何《なん》ぞ我《われ》を迫害《はくがい》するか」（使徒行伝九・四）の言葉のみあって、標記の言葉はない。これは、すでに英訳聖書でも欽定訳では'prick'（とげ）としてあった言葉が改訂訳（Revised Version, 1885）からなくなっているのに倣ったか。

眼より鱗（めよりうろこ）

忽《たちま》ち彼の眼《め》より鱗《うろこ》の如《ごとき》もの脱《おち》て再《ふたた》び見《みる》ことを得《え》すなはち起《たち》てバプテスマを受《うく》（元訳、使徒行伝九・一八）

直《ただ》ちに彼《かれ》の目《め》より鱗《うろこ》のごときもの落《お》ちて見《み》ることを得《え》、すなはち起《お》きてバプテスマを受《う》け（改訳、使徒行伝九・一八）

いまだキリスト教に入信前のサウロ（のちのパウロ）が、キリスト信徒を迫害していたころ、ダマスコへ向かう途上、突然、天からの強烈な光を浴びて倒れ眼が見えなくなった。だが、そのなかでキリストの声を聞いて回心。やがてサウロを伝道者とさせるために、キリストの命を受けたアナニアがサウロを訪ね、その意を告げると、サウロの眼からウロコのようなものが落ちて見えるようになった。このことから、急激な心の変化や改心に際し、今では「眼からウロコが落ちた」というように用いられる。

太宰治は『正義と微笑』（錦城出版、一九四二）において、他から説教されて改心することはないが、「ただ微笑してこちらの失敗を見てゐる」人の前では「ハッと思ふ、とたんに目から鱗が落ちるのだ」と述べている。

『朝日新聞』一九九八年一月二八日の夕刊には「この小ささ　目からウロコ」の見出しで、極小モーターが開発された記事がある。

キリステアン〔クリスチャン〕

ともに教会《けうくわい》に集《あつま》りて衆《おほく》の民《たみ》を教《おし》ふ弟子たちのキリステアンと称《となへ》られしはアンテオケより始《はじま》れり　（元訳、使徒行伝一一・二六）

この教会《けうくわい》の集会《あつまり》に出《い》でて多《おほ》くの人《ひと》を教《をし》ふ。弟子《でし》たちのキリステアンと称《とな》へらるる事《こと》はアンテオケより始《はじ》まれり　（改訳、使徒行伝同）

最初に日本に渡来したキリスト教および信徒について「切支丹」と称されるようになったのも、この「キリステアン」の変形である。

今日のように「クリスチャン」と称せられるようになったのは英訳聖書において'Christians'と記されていることとの影響であろう。

中勘助の『銀の匙』（一九二二）には、以前にコレラがはやったとき「叔母さんは其時の話しをして、それは異国の切支丹が日本人を殺してしまはうと思つて悪い狐を流《(なが)》いてこいた為にころりがはやつた」と記している。このように近代になっても、一種のおそれをともなった先入観、距離感がクリスチャンからは拭いきれないようである。

日本では「彼はクリスチャンだから」と言うばあいには、飲酒喫煙もせず、まじめひとすじの人間のような語感がある。したがって誠実で信用できる人物という見方がある。

吉田絃二郎は、そのような見方が自分になされることにためらい、次の出来事を報じている。

数日前であつた。未知の人から「あなたはクリスチヤンでおいでの由」といふ手紙が来た。私も過去の或る時期に於いてはクリスチヤンであつた。高い雪の山に昇つて、雪に降られながら地にひざまづいて祈つたこともあつた。しかしその時だつて私はクリスチヤンといふ名にはふさはしくなかつた。私はあまりに悪魔的な熱情に燃えてゐる人間であつた。

（『小鳥の来る日』一九二一）

他方、次のように、石川達三が小説『使徒行伝』（新潮社、一九四一）において描いた主人公の片桐格太郎のような存在もいる。

信仰のふかくなるにつれて意見を持たぬ人になつて行つた。意見を失ふにつれて彼の性格はまたはつきりした輪郭をなくして行つた。もともと彼は個性の明確な線をもたない、柔和な動かされ易い性質の人ではあつたが、信仰は一層彼の性格からその特色をうばひ、自分の生命を生きてゐるといふよりは、聖書の命を生きてゐる人と言ふ風であつた。

長与善郎の『竹沢先生と云ふ人』（一九二五）では、先生の家を訪ねた「私」は、同居している先生の妹とも親しくなる。その妹の部屋を先生に案内されて机の上を見ると「小さな黒い聖書」が目に入った。そして次のように考えている。

その聖書が――考へて見ればこの妹さんの机の上にある事は、同じやうにクリスチヤンでない他の婦人の机の上にそれがある事よりも尚一層不審のないわけであるのに――妹さんの痩せられた事とへんに結びつけられて、その間に何か一種の連絡があるやうに感じた時、自分は慄然と寒くなつて、独り頭を振つた。

先生の妹にあたる人は、やがて結核により世を去る。

また、太宰治は『人間失格』（一九四八）のなかで次のように記述している。

なんだ、人間への不信を言つてゐるのか？　へえ？　お前はいつクリスチヤンになつたんだい、と嘲笑する人も或ひはあるかも知れませんが、しかし、人間への不信は、必ずしもすぐに宗教の道に通じてゐるとは限らないと、自分には思はれるのですけど。

偶　像（ぐうざう）

偶像《ぐうざう》に汚《けがさ》れたる物《もの》と姦淫《かんいん》と勒殺《くびりころし》たる物と血《ち》とを戒《いまし》むべし

（元訳、使徒行伝一五・二〇）

偶像《ぐうざう》に穢《けが》されたる物《もの》と淫行《いんかう》と絞殺《しめころ》したる物《もの》と血《ち》とを避《さ》けしむべし

（改訳、使徒行伝同）

もともと偶像崇拝はいわゆるモーセの十戒において「汝自己《なんぢおのれ》のために何《なに》の偶像《ぐうざう》をも彫《きざ》むべからず」（旧約全書、出埃及記二〇・四）と禁止されている。

ただしコリント前書では「偶像《ぐうざう》を拝《をが》む者と交《まじは》ることを全《まつた》く禁《きん》ずるには非《あら》ず」（元訳、五・一〇）と記してあって「偶像を拝む者」との交際を、すべて禁じているわけではなく、「若《も》しからば爾曹は世《よ》を離《はな》れざる可《べか》らず」になってしまう。偶像崇拝者との交際は、せめて信徒仲間のなかでやめたいと述べている。なぜなら、その是非は最終的には「カミ」がさばいてくれるから。

キリシタン時代には、渡来した宣教師、入信したキリシタン大名による仏像破壊は、やがてキリスト教弾圧の一因になった。しかし、明治維新においては、神仏分離・廃仏毀釈運動にともない、幾つかの寺院においても仏像の破壊が行われた。キリスト教が解禁になると、一部のキリスト教入信者により、仏像は偶像視された。牧師としてアメリカから帰国した新島襄が、さっそく生家の仏像を破壊した話は有名である。

中勘助の小説『銀の匙』（一九二一）を最初に世に出してくれた人は夏目漱石だった。その初版に付した「夏目先生と私」のなかで、勘助は漱石との関係につき「私はまた先生の周囲に、また作物の周囲にまま見かけるやうな偶像崇拝者になることも出来なかつた」と記している。

和辻哲郎は著書『風土』（一九三五）において、モハメッドが「自然」と対抗する「沙漠的人間」の神として「人格神」を掲げ、「アラビアの偶像礼拝に反抗」したとみる。それとともに和辻の

『偶像再興』（岩波書店、一九一八）を忘れることはできない。同書は、使徒行伝におけるパウロの偶像批判から書き始められているが、人間と偶像との関係については必読書と称してよい。

島木健作は、学生生活を途中で打ち切り、実家の農業生活に入った駿介が、村で営まれる宗教行事に対し、「偶像を祭る行事において、駿介は決して単なる傍観者であつたり、批評家であつたりすることは出来なかつた」と描いている（『生活の探求』一九三七）。いわゆる都会生活の経験者が農村に入ったばあい、村落共同体によって営まれる祭礼に対し、心のどこかに感じる葛藤である。島木のばあい、その葛藤の原因は、この「偶像を祭る行事」という表現自体にも表れている。

志賀直哉の作品『暗夜行路』（一九四三）には、時任謙作が、幼児期に失った母親につき「実母が今でも猶《なほ》生きて居たら、それ程彼にとつて有難い母であるかどうか分らなかつた。然しそれが今は亡き人であるだけに彼には益々《ますます》偶像化されて行くのであつた」との記述がある。

高橋和巳は『悲の器』（一九六二）において、主人公の法学者に「政治家なら、過去の栄光や闘争の経歴によって偶像的位置を占めることもできるだろう」と政治家と学問の世界との相違を言わせている。

加藤周一は『羊の歌』（一九六八）において、自分の中学時代を回顧し「中学生の頃から、英雄崇拝ではなくて、偶像破壊を、豪傑笑いではなくて、諷刺家の諧謔を好んでいた」と述べている。

偶像は、必ずしも物理的な形態をともなうものばかりでない。思想や芸術をはじめ、人間の文化自体がある意味では偶像であろう。

伝道者（でんだうしゃ）

伝道者《でんだうしゃ》ピリポの家《いへ》に入《いり》て共に留《とどま》る　（元訳、使徒行伝二一・八）

伝道者《でんだうしゃ》ピリポの家《いへ》に入《い》りて留《とどま》る　（改訳、使徒行伝同）

パウロはカイザリヤでピリポ（フィリポ）の家に滞在した。ピリポはユダヤ人を除き最初のキリスト信徒になったと言われる。

かつての旧約聖書には「伝道之書」（現行聖書では「コヘレトの言葉」）があった。「伝道」も「伝道者」という言葉も、居住する共同体がそのまま同一宗教の地では必要のない言葉であった。伝道する宗教において、はじめて使われる言葉である。

内村鑑三は、『後世への最大遺物』（一八九七）のなかで、リビングストン（Livingstone, David）が「始めの中は重《お》もに伝道をしてをりました」とも語っている。すなわち、若い時、自己の進路のうえに影響を与えた人物としてリビングストンの仕事に言及。リビングストンはアフリカの探検家として知られるが、もともと宣教師としてアフリカで伝道。それが、まず、同地には開発が必要とみて探検家になったという。

島崎藤村の『春』（一九〇八）には実在者をモデルとした人物が登場するが、そのなかの一人である山路愛山にあたる陶山につき「陶山君は感心だね。先生は彼《あ》の多忙《いそが》しい中で平素伝道《しよつちうでんだう》して居《ゐ》るんださうだ。なかなか彼《あ》の真似は出来ない」（原文総ルビ）と青木（北村透谷）に言わせている。

国木田独歩は『欺かざるの記』（一九一八）において、自分の進路に迷い、次の言葉を書き遺している。

われは今も猶ほ苦しみつつあり。何をなす可き乎知らざる也。吾は幾度か詩人たり、文学者たるべしと思ひ定めぬ。されど、今は「伝道」を望むの心生じたり、一身然り、此の地上に於ける僅少なる一身の生命を伝道に費す可きを思ひぬ。

大正期の生活難時代に、一燈園を開き『懺悔の生活』（一九二一）を刊行した西田天香は同書で言う。

「金がなければ伝道が出来ぬ」「宗教の宣伝には基本金が要る」などと云ふ事は常に耳にする事ですが、私は思ひます、本当の宗教の宣伝は、金があつては絶対に出来ません。

吉田絃二郎は芭蕉について「俳行脚をして歩くかれの簡素な生活は、キリストが十二人の弟子を伝道に送る時、二枚の嚢《ふくろ》を持つなかれ、上衣《うはぎ》を持つなかれと言つた言葉と似てゐる」という。また、その伝道地が「田舎」であったことについて次のように言う。

キリストの伝道が大抵田舎まはりであつたことも面白い。キリストはカペナウンを中心とした美しい自然のなかをへめぐつてゐた。彼はルナンが言つてゐるやうに雀、百合、無花果、からし菜、荊棘、麦、鴿、駱駝、驢馬のやうなもののなかに自分の生活をつつんでゐ

た。彼の譬喩にはいつも野の香ひがゆたかに漂うてゐる。（『小鳥の来る日』一九二一）

ただし「伝道者」のもつ偏りがちな性格について、神谷美恵子は『生きがいについて』（一九六六）のなかで次のように述べている。

ひとがあることを生きがいと思うその度合いがなみはずれて強いと、それは自他の生命よりも大切なことになってくるし、そのためにはすべてを犠牲にしても仕方がないといった心の姿勢になってくる。小さな自己をもっと大きなもの、自己を超えたものにささげつくしたいというのが、生きがいへの欲求のもっともつきつめた形の一つであるから、上のような危険は、ひとつのことに打ちこむひとの生存を、いつでもおびやかしている。立派な使命感に生きる社会福祉事業家や伝道者などで、公人としては世人の尊敬を一身にあつめながら、私的な生活では周囲のひとびとをいろいろな意味でしいたげているワンマンであった、というような例は案外多い。

いわば「生きがい」の欲求過剰の人物が、知らず知らずの間に他者を傷つけているという鋭い指摘である。確かに周辺を見渡すと、あくの強い伝道者に時々見受けられる性格である。

また、河上肇は、東京帝国大学を卒業し二、三の学校に出講していたころ、伊藤証信の発行していた『無我愛』という雑誌に接した。伊藤が、当時真宗の僧籍を返上し、巣鴨の大日堂で「無我愛」を実践していることを知り共鳴、大日堂を訪ねた。伊藤は河上に「伝道こそ最大の愛」であると説いたので、河上は「無我苑より独立して伝道のことに従はん」と決意、その運動を始めた。その当時につき「余が伝道熱は極めて猛烈なりき」と回顧している（『思ひ出』一九四六）。

「伝道」という言葉は、鎌倉仏教時代を除き、神仏習合と檀家制度のなかで共同体が維持されてきた日本では必要な言葉でなかった。したがって「伝道」はキリスト教の渡来により出来た言葉とみたい。それが今日ではひろく、他の宗教はもとより、特定の思想の普及を説く宣伝の仕事にも用いられる。「彼女は女性運動の伝道師だ」、あるいは広く主義主張を宣伝して歩き回る人を「だれだれは○○の伝道者だから」という言い方までなされている。

異端（いたん）

われは彼等《かれら》が異端《いたん》と称《となふ》る道《みち》に循《したが》ひ我《わ》が列祖《せんぞたち》の神に事《つか》へ悉《ことごと》く律法《おきて》と預言者《よげんじや》の書《ふみ》に録《しる》されし言《こと》を信じ　かつ義《ただしき》も不義《ただしからざる》も死《しに》し者の甦《よみがへ》らんことを神《かみ》に頼《より》て我《われ》は望《のぞめ》り

（元訳、使徒行伝二四・一四―一五）

我《われ》は彼《かれ》らが異端《いたん》と称《とな》ふる道《みち》に循《したが》ひて我《わ》が先祖《せんぞ》たちの神《かみ》につかへ、律法《おきて》と預言者《よげんしや》の書《ふみ》とに録《しる》したる事《こと》をことごとく信《しん》じ、かれら自《みづか》らも待《ま》てるごとく義者《ぎしや》と不義者《ふぎしや》との復活《よみがへり》あるべしと、神《かみ》を仰《あふ》ぎて望《のぞみ》を懐《いだ》くなり

（改訳、使徒行伝同）

「異端」という言葉は、中国語訳聖書にあるから日本語聖書でも踏襲されたと思われる。裏返すと、これまで日本には、それほど正統と異端とを明らかに二分する必要が希薄だったのかもしれない。天皇家にしても南北朝両系が一般には知られていたが、近代のいわゆる南北朝正閏《せいじゅん》問題で決着がつけられてしまう。

西田天香は『懺悔の生活』（一九二一）のなかで宗教的新生涯で生きようとする者に「魔王」が試して「女房をして泣かしめます。親をして不孝者と呼ばしめます。友達には発狂したと笑はせたり、悲しませたり遂に、宗旨から異端者として取り扱はせます」と述べている。

島木健作の『続生活の探求』（一九三八）には、一時、地方政治家だった上原につき「実は彼こそ仮令小粒ではあつても、一個の理想家であつたのだ。彼は道理の実現を信じてやまなかつた。さうして汚濁した地方政界にあつては、道理を信じる彼のささやかな声すらもが、異端であつた」と評している。

長与善郎の『竹沢先生と云ふ人』（一九二五）には、「先生」が「異端」について肯定的な見方をして、次のように語らせている。

万法唯心すべて心の作用で、此感じを片づけちまつたんでは面白くない。僕はこの自然主義的な魔物、——基督教なぞから云はせると異端な怪力のやうに見えるものに対して、少からぬ興味を持つてゐると自白してもいい。なぜかと云ふと、そいつは自然には自然自身の立場があるつて云ふ明白な事実を露骨に吾々に暗示してくれるからね。

すなわちキリスト教により「異端」として一括されているものに肯定的な見方を示している。

太宰治は、堀井梁歩訳『波斯古詩　異本 留盃耶土』（南北書園、一九四七）を愛読していた。「留盃耶土」は一〇世紀のペルシャの詩人ルバイヤット（Rubaiyat of Omar Khayyam, 1648-1731）である。『人間失格』（一九四八）には同書から、いくつかの詩句が引用されている。そのなかに「異端者」に共感した次の詩句がある。

至る處に　至高の力を感じ
あらゆる国にあらゆる民族に
同一の人間性を発見する
我は異端者なりとかや

堀井本では「七十二」篇にあり、太宰により堀井の「到る處」は「至る處」、「発見するが」は「発見する」となっている。

イギリスのパブリック・スクールの教育を紹介した『自由と規律』（一九四九）のなかで、著者の池田潔は、そこでは芸術的才能の持ち主についてこう述べる。

芸術的才能をもつものである場合彼の不幸は一層大きい。異端に対する憎悪の上に芸術に対する無理解な反感が加わるからである。

著者は、さらにパブリック・スクールでは、あのチャーチルも個性的で運動が苦手であったことにより「異端として孤独な数年」を送った人物とみる。

三島由紀夫は『仮面の告白』（一九四九）において、キリスト教信徒となったローマ皇帝の親衛隊長セバスチャンが、軍務についているときローマの神殿を見て「この異端の壮麗な神殿を眺めやると、彼の眉宇にはそれが最も彼にふさわしい・殆ど苦痛にちかい侮蔑の表情がうかんで来た」と叙している。

相馬黒光は、小学校時代の日曜学校通いを次のように振り返る。

私はとうとう日曜学校に入り、その幸福な子供の列に加はりました。これは家からゆるされて入つたのではなく、基督教はまだ異端視された時代ではありますし、殊には父祖代々儒教を奉ずる家のことで、私の教会通ひは相当圧迫のあつたものでございます。

（『黙移』一九三六）

丸山真男は『日本の思想』（一九六一）のなかで日本の「国体」観念が、「整序する原理」でなく、「否定的な同質化（異端の排除）作用の面でだけ強力に働き」、「人格的主体」の確立にとり「桎梏《しっこく》」となったとみる。丸山が東京大学東洋文化研究所において行った「正統と異端」と題した話を聞いた日を思い出す。出席者は約二〇人ほどだった。ちょうど堀米庸三の『正統と異端——ヨーロッパ精神の底流』（中公新書、一九六四）が刊行されてまもないころだったので、今からおよそ六〇年ほど以前の話である。

水村美苗の『日本語が亡びるとき』（二〇〇八）には、無文字社会が文字社会に転ずる契機の一例として、文字で記された巻物の束が「時によっては、異端の書として、流刑者の懐の奥深くに秘められて入ってくることがあるであろう」という。

このように異端という言葉には多くの言及がなされている。かえりみると、異端は、その世界から排斥されつつも、実は世界は異端によって動かされてきた面もある。聖書はまさに当時の最大の異端であったキリストの言行録といってよい。

霊性（れいせい）

（イエスキリストは）聖善《せいぜん》の霊性《れいせい》に由ば甦《よみがへ》りし事によりて明《あきら》かに神の子たること顕《あらは》れたり
（元訳、羅馬伝一・四）

御子《みこ》は肉《にく》によれば、ダビデの裔《すゑ》より生《うま》れ、潔《きよ》き霊《れい》によれば死人《しにん》の復活《よみがへり》により大能《たいのう》をもて神《かみ》の子《こ》と定《さだ》められ給《たま》へり
（改訳、ロマ書一・四）

「霊性」という言葉は、はやくも中国で活躍したイエズス会宣教師マテオ・リッチの『天主実義』にみられる。日本では中国キリスト教書の影響を受けた平田篤胤の「本教外篇」（一八〇六筆）に使われているが、篤胤が同書を「未許他見」と記していたために日本では拡がらなかった。したがって、この言葉は、日本語の『新約全書』のなかの羅馬伝を初見とすることが出来るだろう。のちには広く内村鑑三、鈴木大拙によっても好んで用いられるようになる。

国木田独歩の『欺かざるの記』（一九一八）では、ある日の日記に次の言葉が記されている。

思ふに精神霊性の弱きはたまたま以て身体の衰弱を招き、狂死に非ず、堕落に非ず、元より事業成功に非ず、何事も為し能はず、以て命を殞《おと》さんとする如きに了《おわ》らんも計る可からず。

このほか国木田独歩の同書には「霊性」という言葉が何度も登場する。これは、独歩に受洗を施した植村正久に『霊性之危機』（警醒社書店、一九〇一）と題した書物があるので、植村の影響によるのかもしれない。

霊と肉（れいとにく）

肉《にく》に従《したが》ふ者は肉《にく》の事を念《おも》ひ霊《れい》に従ふ者は霊《れい》の事を念《おも》ふ　肉《にく》の事を念《おも》ふは死《し》なり霊《れい》の

事を念《おも》ふは生《いのち》なり安《やすき》なり
（元訳、羅馬伝八・五―六）

肉《にく》にしたがふ者《もの》は肉《にく》の事《こと》をおもひ、霊《れい》にしたがふ者《もの》は霊《れい》の事《こと》をおもふ。肉《にく》の念《おもひ》は死《し》なり、霊《れい》の念《おもひ》は生命《いのち》なり、平安《へいあん》なり
（改訳、ロマ書同）

聖書において右の言葉のように、「肉」または「肉慾」という言葉は、ただの物質的、生理的な言葉でなく、「霊」に対立する概念として描かれている（大正改訳のコロサイ書二章二三節には「肉慾」の言葉も登場）。

「肉」という言葉を「霊」と対照的に用いる例は、それまでの日本語にはなかったのではなかろうか。日本語では、「肉」はあくまで生理的、物理的な「肉」であったように思われる。「肉」が精神的に「霊」と対照的、対立的に用いられることによって「霊肉合一」とか「霊肉一致」という思想も生じてくる。

内村鑑三の『後世への最大遺物』（一八九七）には、「肉慾」につき、キリスト教に接した当初は次のような考えを抱いていたという。

人間が千載青史に列するを得んと云ふのは、誠に是は肉慾的の未信者的Heathen《ヒーゼン》的の考

である。クリスチヤンなどは功名を欲することはすべからざることである。

「肉」という言葉が「霊」に対立する概念となるのは、ギリシア思想に見られるが、特に聖書もしくはキリスト教によって強調されたとみたい。日本では、これに類する考えとして「きよめ」と「けがれ」があった。ただし「けがれ」は、「おはらい」により比較的簡単に「きよめ」られる。容易に「きよめ」られるということは、同じく容易に「けがれ」やすい関係を表す。あえて言えば、部屋が汚くなったから掃除してきれいにするが、少し経つと又部屋は汚れるという量的な関係である。これに比して「霊」と「肉」との関係は根源的で質的とみられる。それにより、人間の人間としての存在理由を、その「霊的存在」であることに見出す見方ともなる。

なお、木下尚江に『霊か肉か』（金尾文淵堂、一九〇七）と題した小説、赤司繁太郎に『霊乎肉乎』（警醒社書店、一九一〇）との題をもつ論集がある。

和辻哲郎の『風土』（一九三五）では、『古事記』『日本書紀』をはじめ、日本の恋愛が「激情を内に蔵したしめやかな情愛、戦闘的であるとともに恬淡なあきらめを持つ恋愛」として他に例のない型を示しているとみる。その恋愛の型は、仏教も変じさせることなく是認した。すなわち「煩悩即菩提の思想によつて霊と肉との乖離を防いだ」とみる。

躓石（つまづくいし）

われ躓石《つまづくいし》また礙磐《さまたぐるいは》をシヲンに置《おか》ん　（元訳、羅馬伝九・三三）

われ躓《つまづ》く石《いし》、礙《さまた》ぐる岩《いは》をシオンに置《お》く　（改訳ロマ書同）

ここでいう「躓く石」は、旧約聖書以賽亜《いざや》書八章一四節のヱホバは「イスラエルの両《ふたつ》の家《いへ》には躓《つまづ》く石《いし》となり妨《さまた》ぐる磐《いは》とならん」による。

新約聖書に「信仰《しんかう》に由《よら》ず行《おこなひ》に由て追求《おひもと》めんとせしなど躓石《つまづくいし》に躓《つまづき》たれば也　視《み》よわれ躓石《つまづくいし》また礙磐《さまたぐるいわ》をシヲンに置《おか》ん」（羅馬伝九・三二）とあるように、信仰を試すために置かれた石である。同じ石でも家の建築に重要な役割をになう「隅の首石《おやいし》」（前掲144―145頁）となるものもあれば、人の妨げとなる「躓く石」もあるのである。

有島武郎の小説『或る女』（叢文閣、一九一九）では、ヒロインが家を出たところの道で石に躓く場面の描写があるが、これは、聖書の「躓く石」を念頭にした有島の装置であろう。

福永武彦の『草の花』（一九五四）の終わり近くには、無教会信徒の千枝子が汐見に対し「この汐見さんて人は、決して信じようとなさらない人なの。そりゃ厳しいの。汐見さんはあたしの躓きの石なのよ」との言葉を投げかける場面がある。

祝福（しくふく）

われ汝《なんぢ》らに到《いた》るときは、キリストの満《み》ち足《た》れる祝福《しくふく》をもて到《いた》らん

（改訳、ロマ書一五・二九）

元訳では「祝福」に該当する部分は「キリストの福音《ふくいん》の満《みち》たる恩《めぐみ》」となっている。

入学式や卒業式、結婚式などに「祝福」の挨拶は欠かせない。本来、祝福には祈りがこめられ

ている。あるとき知人の結婚式に出席していて驚いたことがある。それは式に花嫁側の客として出席していた有名な男性歌手が「いやになったらすぐ戻ってこいよ」と手荒な挨拶をしていたからである。しかし、昔から日本でも、雪国の結婚式では、仲間の男達が新郎をかついで行き雪のなかに投げ込む風習もある。ただ、そのような手荒な行事や挨拶に嫉妬はあっても祈りがこめられているかどうかは疑わしい。

新渡戸稲造の『修養』（一九一一）には、ワーズワースの詩によって「人が生長するに伴《つ》れ、明鏡の如き心が曇つて行《ゆく》を慨し、幼稚の心を讃美して予言者となし、真の祝福ある者と称揚して居《い》る」（原文総ルビ）との「祝福」を用いた文章がある。また、別に「天は人に与ふるに祝福を以てするものなりと確信して居る」とも述べている。

倉田百三の『出家とその弟子』（一九一七）には、臨終のせまった親鸞が唯円に対し「お丶、お前のたましひに祝福を」との言葉をなげかけている。

高橋和巳の『悲の器』（一九六二）では、主人公正木大膳が結婚当時を回想する記述のなかに、妊娠した妻が毎夜のように発病して悲鳴をあげる声を聞かされ「たとえ儀礼的なものにせよ、恩師や先輩畏友の祝福を受けてうらやまれる人生の、それが内実だった」と描いている。

日野原重明は自分の子供時代の新嘗祭《にいなめさい》（今の勤労感謝の日）に関する思い出を次のように述べている。

牧師の家に生まれた私は、教会学校で一一月の終わりの第四日曜日に、家から持ち寄った果物や根菜を祭壇に並べて神様の祝福を受け、礼拝後は当時の養老院（今の老人ホーム）や障害者の施設に持っていったものでした。

（『あるがまま行く』二〇〇五）

英訳聖書では、この言葉は'blessing'、すなわち「祈り」でもあり、日本語の「祝福」においても、ただのお祝いだけでなく、祈りの気持ちをともなうなら良い言葉である。

寛容（くわんよう）

愛《あい》は寛容《くわんよう》にして慈悲《じひ》あり

（改訳、コリント前書一三・四）

いまキリストの柔和《にうわ》と寛容《くわんよう》を以《も》て爾曹に勧《すす》む　（元訳、哥林多後書一〇・一）
自《みづか》らキリストの柔和《にうわ》と寛容《くわんよう》とをもて汝《なんぢ》らに勧《すす》む　（改訳、コリント後書同）

元訳の哥林多前書では「寛容」は「寛忍《しのぶこと》」となっている。かならずしも宗教的寛容とは限らないかもしれないが、少なくとも『言海』には「寛容」という語彙は収められていない。このことは、それまでの日本社会が、良い意味にも悪い意味にも「寛容」を必要としないほど社会や共同体が固定しきった状態だったためかもしれない。社会が流動化し多元化、多価値化すると、どうしても寛容なくしては人々が共存し、社会が成立することはむずかしくなる。

吉田絃二郎は『小鳥の来る日』（一九二一）のなかで次のように述べている。

清濁合はせ呑むといふことは、それが寛容といふ美しい心から現はれて来てゐる時は宜いが、悪に対する敏い感じの欠乏から生まれて来た場合には呪はるべきものである。

島木健作の『生活の探求』（一九三七）には、学業を途中でやめて家の農業を手伝うようになった主人公の俊介に対して、その父は接し方に迷い「寛容が温かな行き届いた理解の上に立たねばならぬことを無意識のうちに知つてゐる彼は、わからぬものをわからうとして苦しまねばならぬ。しかし容易にはわからない」との態度でいると記す。

阿部次郎は『三太郎の日記』（一九一四）のなかで、訪ねてきたZの話を聞いているうちに、当初の反発心が消えて「此の人の方が自分などよりはえらいのである」と日記に書こうとしてハッとする。なぜなら、そのような表現は「自分を寛容な人と思はせる利益のある、他人に喜ばれ易い言葉である。それだけこの言葉は軽々しく発すべき言葉ではない」と気付いたためという。

河上肇は『思ひ出』（一九四六）のなかで、『毎日新聞』の記者時代に海老名弾正の本郷教会に出入りしていたとき、日露戦争については非戦論者の河上にもかかわらず「海老名の基督教は武士道教で、私のとは全く反対でしたが、寛容に私に能く演説させて呉れました」と感謝している。

三島由紀夫は『仮面の告白』（一九四九）のなかで友人の妹園子について「その無邪気なはしゃぎ方を見ていても、園子には美しさの特権である朗らかな寛容の具わっている」と描いている。これは「寛容」というよりも自信からくる「余裕」というべきかもしれない。

石川達三の『風にそよぐ葦』（一九五〇／五一）に登場する個人病院の児玉院長は、いつかは徴兵され国家のために犠牲を強いられる息子たちに対し、国家に対して憤りを感じていた。「やり場のない憤りは腕のなかに鬱積して、患者たちへのやさしい愛情に転化し、寛容と慈悲の心に変つてゆくのである」と述べている。

柳宗悦は『南無阿弥陀仏』（一九五五）のなかで法然につき「今日残る彼の影像を見れば、穏和にして正常な彼の性格がよく示されてゐるやうに思へる。一宗の開拓に当って、彼の如き寛容の性格がどんなに役立ったか分らぬ」とそのもとに多くの人々を集めた理由を、法然の影像から推察している。

伊藤整の文章にはしきりに「寛容」という言葉が登場していることに気付く。それだけ「寛容」という精神の大切さを求めていたことの反映に思われる。たとえばスターリンによる粛清について、それをフランス革命やクロムウェル革命と比較しながら「必要悪」に言及、次のように述べている。

スターリンも人間であつた。従つて共産党そのものも人間の弱点の上に成り立つてゐたのだ。だからそれが崩壊せずに持続するならば、やがて変化し、より寛容になるだらう。という見通しほど私の気持を軽くしたものはなかつた。（『求道者と認識者』一九六二）

と自己の過去をふりかえっている。しかし同時に、「フルシチョフのスターリン批判が行はれて寛容政策が実施されるまで四十年ものあひだ、不安と恐怖から人間が脱出できなかつたこと」は認めている。ちなみにソ連の崩壊は、この著作から三十年後の一九九一年になる。

それとともに、伊藤は「現世」のみ考える孔子の思想に言及し、その場合「自己と他者との関係を「仁」といふ寛容な言葉で規定し、自分の望まないことを他人に押しつけるな、といふ最低法則を設けたことは当然であつたと思ふ」と述べ、「寛容」という態度のもつ消極性もみている。

一方、神谷美恵子は『生きがいについて』（一九六六）のなかで「生きがいを感じているひとは他人に対してうらみやねたみを感じにくく、寛容でありやすい。それはマックス・シェラーが言っているように、自分より幸福なひとびとに対するひそかな憎しみの念がはいり込む余地がないからであろう」とも述べている。

『「甘え」の構造』（一九七一）を著した土居健郎は、「甘え」の通用する世界の閉鎖性にふれ、それは「非論理的・閉鎖的・私的ということになるが、肯定的に評価すれば、無差別平等を尊び、極めて寛容であるとさえいえるであろう」と、「甘え」の通じる世界での肯定面に言及している。ただし、このようなケースは、宗教的寛容というよりは身内や仲間の間のみに通じる「寛大」といった方がよいかもしれない。

本項の冒頭の聖句でみたように、聖書においては「寛容」は「愛」の属性なのである。

信仰と望と愛（しんかうとのぞみとあい）

これ信仰《しんかう》と望《のぞみ》と愛《あい》と此三《このみつ》の者《もの》は常《つね》に在《ある》なり此《この》うち尤《もつと》も大《おほい》なる者は愛《あい》なり

（元訳、哥林多前書一三・一三）

げに信仰《しんかう》と希望《のぞみ》と愛《あい》と此《こ》の三《み》つの者《もの》は限《かぎ》りなく存《のこ》らん、而《しか》して其《そ》のうち最《もつと》も大《おほい》なるは愛《あい》なり

（改訳、コリント前書同）

信、望、愛はキリスト教の三徳とも称される。キリスト教主義学校には、平安女学院や松山東雲学院のように、この三者をもとにデザインされた校章がみられる。また、知人に信、望、愛の名前をもつ三兄弟がいた。

アーメン

爾霊《れい》を以《も》て祝《しく》するとき愚《おろか》なる者《もの》は爾の語《かた》ることを知《しら》ざれば爾が感謝《かんしや》するとき如何《いか》にしてアーメンと言《いは》んや

（元訳、哥林多前書一四・一六）

霊《れい》をもて祝《しく》するとき、凡人《ただびと》は汝《なんぢ》の語《かた》ることを知《し》らねば、その感謝《かんしや》に対《たい》し如何《いか》にしてアァメンと言《い》はんや

（改訳、コリント前書同）

もとはヘブライ語で「まことに、ほんとうに」を意味する言葉が、祈りなどの内容に賛同するときに付せられる言葉となる。しかし、日本では「あの人はアーメンだから」とキリスト信徒の呼称として使われたり、「アーメン、ソーメン」などとキリスト信徒を侮蔑するはやし言葉として言われることもある。

その一例が三浦綾子の小説『氷点』（一九六五）に書かれている。病院長辻口啓造が親友の高木雄次郎に対し、娘を殺した犯人に対して「『汝の敵を愛せよ』という課題を一生になって行かな

くてはならない」と語ると、高木が「汝の敵をか……。そういえばお前、教会に行ってたことがあったな。お前はアーメンか?」と尋ねている。「アーメン」がキリスト信徒と同義語になっている。

宣　教（せんけう）

キリストもし甦《よみがへ》らざりしならば我儕《われら》の宣《のぶ》るところ徒然《むなしく》また爾曹の信仰《しんかう》も徒然《むなし》からん
（元訳、哥林多前書一五・一四）

もしキリスト甦《よみが》へり給《たま》はざりしならば、我《われ》らの宣教《せんけう》も空《むな》しく、汝《なんぢ》らの信仰《しんかう》もまた空《むな》しからん
（改訳、コリント前書同）

外国からのキリスト教の伝道者を、いつから宣教師と呼ぶようになったかは明らかでないが、日本でも明治初期に神道国教政策がとられた折、神官はもとより僧侶までも宣教使に任命したのはキリスト教の影響ではなかろうか。

内村鑑三の『後世への最大遺物』（一八九七）には、宣教師について語った次の言葉がある。

> 茲には宣教師は居りませぬから少しは宣教師の悪る口を言つても許して下さるかと思ひまする……

確かに、このときのキリスト教青年会の夏期学校には宣教師は出席していなかった。

徳富健次郎（蘆花）の『思出の記』（一九〇一）には、主人公がはじめて外国人と片言の会話をしたところ「米国の耶蘇教宣教師」であったことが判明した光景が記されている。

夏目漱石の『三四郎』（一九〇九）には、三四郎が熊本で知っている西洋人は二人いて、その一人が「女で宣教師」であると記している。漱石自身、熊本でハンセン病の救済に活躍したリデル(Riddel, Hanna) を知っていた。

三浦綾子の『氷点』（一九六五）には、一九五四年九月、台風に遭遇し沈んだ青函連絡船洞爺丸の話が登場する。そのとき乗客のアメリカ人宣教師リーパーが救命具を他の乗客に譲った話が描かれている。小説では救命具を譲られた乗客はヒロインの夫で医師の辻口啓造になっている。

啓造はなぜか争って救命具を取ることが出来なかった。宣教師も座っていた。その時、船が三十度に傾き、救命具がひとつスッところがって宣教師の膝に来た。

「どうぞ」

宣教師はそれを啓造に渡した。

この宣教師リーパー（Leeper, Dean H.）は実在の人物で、学生YMCA同盟の協力主事として活躍中であったが、この事故で不帰の客となってしまった（享年三四歳）。

日本では伝道初期から宣教師の言葉が使われた。それが、今日では、宗教と関係なく、特定の思想や商品の宣伝マンにたいしても「彼は○○の宣教師だ」というように使われるようになった。

死の刺（しのはり）

死《し》よ爾《なんぢ》の刺《はり》は安《いづく》に在《ある》や　（元訳、哥林多前書一五・五五）

死《し》よ、なんぢの刺《はり》は何処《いづこ》にかある。死《し》の刺《はり》は罪《つみ》なり　（改訳、コリント前書同）

島尾敏雄に『死の棘《とげ》』（講談社、一九六〇）と題された小説があり、精神病を病んだ妻から不貞につき壮絶な非難を浴びる夫が描かれている。全篇イヤと言うほどの非難が続く。しかし、その夫の受ける苦痛は苦痛だけで終わらない。最後に妻の付き添い者として共に精神病棟への入所を決める。ただ、付き添い者の寝具を自宅に取りに行く途中で、主人公は「羽ばたくような自由」、「からだに力が湧き、仕事がしたい」気持ちの動き、すなわち新生感に充たされる。それは、この聖書の言葉に続く次の文章によって示されている。

されど感謝すべきかな、神は我等の主イエス・キリストによりて勝を与へたまふ

（改訳、コリント前書一五・五七）

「死の棘」は痛みをもたらすだけでなく転機として作用している。

土の器（つちのうつは）

我儕この宝《たから》を瓦器《つちのうつは》に蔵《もて》り

（元訳、哥林多後書四・七）

我等《われら》この宝《たから》を土《つち》の器《うつは》に有《も》てり

（改訳、コリント後書同）

同じ「つちのうつは」であるが漢字としては「瓦器」より後者の改訳の「土の器」が知られている。人間は、土の器のように壊れやすい存在である。それにもかかわらず「カミ」の道を伝える使命を受けた人は、「四方《しはう》より患難《なやみ》を受《う》くれども窮《きう》せず、為《せ》ん方《かた》つくれども希望《のぞみ》を失《うしな》はず、責《せ》められども棄《す》てられず、倒《たふ》さるれども亡《ほろ》びず、常《つね》にイエスの死《し》を我等《われら》の身《み》に負《お》ふ」（コリント後書四・八）力を与えられているという。

作家の阪田寛夫は、『土の器』と題した作品により、一九七四年に芥川賞を受けた（文藝春秋社、一九七五刊）。作家の母と思われる女性は、教会のオルガニストをつとめていた。同作品には、彼女の晩年の病気と最期が描かれている。

日野原重明は『あるがまま行く』（二〇〇五）のなかで、人間を宇宙から投げられたボールにたとえる。このボールは最後には欠けたり、壊れたりする「土の器」でもあって、ひびが入ったり壊れたりして水が漏れるようになる。しかし「この水はやがては植物の根から吸収され、命を与えるでしょう。そのような水を容れる器として、私の人生を終わらせることができれば、と希《ねが》うのです」と述べている。

全　能（ぜんのう）

われ爾曹《なんぢら》の父《ちち》となり爾曹わが子女《むすこむすめ》と為《なる》べしと曰《いへ》る是全能《ぜんのう》の主の言《ことば》なり
（元訳、哥林多後書六・一八）

われ汝《なんぢ》らの父《ちち》となり、汝等《なんぢら》わが息子《むすこ》・娘《むすめ》とならんと全能《ぜんのう》の主《しゆ》いひ給《たま》ふ
（改訳、コリント後書同）

旧約聖書創世記一七章一節に「我《われ》は全能《ぜんのう》の神《かみ》なり」、撒母耳《さむえる》前書二章三節に「ヱホバは全知《ぜんち》の神《かみ》」の言葉はあるが、「全智全能」の言葉はない。『言海』にも「全知」、「全智」、「全能」の言葉はない。

徳富蘇峰の『将来之日本』（一八八六）に、「舟子ヲシテ共ニ順風ノ澤ニ浴セシメントスルハ全智全能ノ上帝スラ。之ヲナス能ハサルニアラスヤ」との用例がある。

今では、「わたしは全能ではありませんから……」と遠慮したり辞退するときに使う人がある。

一の刺（ひとつのとげ）

我《わ》が傲《たかぶ》ること無《なか》らん為に一《ひとつ》の刺《とげ》を我《わ》が肉体に予《あた》ふ即《すなは》ち我《わ》が傲《たかぶ》ること無《なか》らん為に我を撃《うつ》サタンの使者《つかひ》なり　（元訳、哥林多後書一二・七）

高《たか》ぶることの莫《なか》らんために肉体《にくたい》に一《ひと》つの刺《とげ》を与《あた》へらる、即《すなは》ち高《たか》ぶることの莫《なか》らんために我《われ》を撃《う》つサタンの使《つかひ》なり　（改訳、コリント後書同）

ここでいう「一《ひとつ》の刺《とげ》」が何であるかは明らかでない。しかし、その弱点のために、そこにキリストの力が宿り、「弱《よわ》き時に強《つよ》ければ也」（元訳、同一二・一〇）を体験できるという。

実生活において、この表現はキリスト信徒以外に積極的に用いられることはほとんどないが、一つの病気があるために、かえって健康という一病息災というケースは少なくない。

牧師（ぼくし）

その賜《たま》ひし所の使徒《しと》あり預言者《よげんじゃ》あり伝道者《でんだうしゃ》あり牧師《ぼくし》あり教師《けうし》あり

（元訳、以弗所書四・一一）

彼《かれ》は或人《あるひと》を使徒《しと》とし、或人《あるひと》を預言者《よげんしゃ》とし、或人《あるひと》を伝道者《でんだうしゃ》とし、或人《あるひと》を牧師《ぼくし》・教師《けうし》として与《あた》へ給《たま》へり

（改訳、エペソ書同）

日本語訳聖書に先立つ中国語訳聖書でも上記の所には「牧師」の語が記されている。したがって日本でも宣教師の来日と並行して「牧師」の名も用いられたと推察される。

徳富健次郎（蘆花）の『思出の記』（一九〇一）には、四国の松山で出会った牧師から関西学院への入学を勧められたが、牧師になることを心配する主人公に対し、「其処には別に神学科と云ふものがあつて伝道師牧師を養成するが、普通科には其様な事は無い、無神論者も随分居る」との答えに接した。

新渡戸稲造の『修養』(一九一一)には、牧師になった知人が、教会員から「あの牧師は涙がない、冷酷である、同情心がない」と評されている話が記されている。

相馬黒光は、『黙移』(一九三六)において国木田独歩と佐々城信子との結婚式について次のように述べている。

佐々城の父母は立会つていず、信子は太織の紬の被布で家を出たきりなのですから、独歩のお母さんが自分の袂の小さい着物を着せて坐らせ、ともかくも植村先生に来て頂いて、隼町衛戍病院裏の二室か三室の小さい家で、ほんたうにそれは涙ぐましい結婚式であつたさうです。独歩が一番町教会に籍をおき、植村先生を崇拝したことは非常なもので、自分の文章が簡潔に書き得てゐるのなども、植村先生の説教に学ぶところがあつたからだと、他日人に話したこともある程で、そんなにまで帰依する先生に来て頂いたことは、独歩として無上の喜びであつたに違いありません。

カトリック教会では「神父」、プロテスタントの教会では「牧師」といわれるが、今では後者のばあい正式には「教師」とする名称が多い。「牧師」という呼称には、羊を飼う人、すなわち信徒を羊とみなしている印象がある。

虚栄（むなしきほまれ、きよえい）

何事《なにごと》を思《おも》ふにも党《たう》を結《むす》び或《あるひ》は虚栄《むなしきほまれ》を求《もと》むる心を懐《いだく》べからず（元訳、腓立比書二・三）
何事《なにごと》にまれ、徒党《ととう》また虚栄《きよえい》のために為《す》な（改訳、ピリピ書同）

この言葉も『言海』にありそうで無いので採りあげておく。

正宗白鳥は『何処へ』（一九〇八）の冒頭、主人公の菅沼健次について、やや長い説明を加え、学生時代は「最早席順を争ふの根気もなく、虚栄心も失せ」た生活だったと述べている。

三木清の『人生論ノート』（一九四一）では、「虚栄について」と題された項目立てがある。その冒頭には改訳聖書のロマ書から次の引用がなされている。

Vanitati creatura subjecta est etiam nolens. ――「造られたるものの虚無《むなしき》に服せしは、己《おの》が願によるにあらず、服せしめ給ひし者によるなり。」ロマ書第八章廿〔二〇〕節。

この日本語文の引用は改訳聖書からなされ、そこでは上記のように「虚無」には「むなしき」のルビがふられている。
三木の文章により、つづく次の説明も掲げておきたい。

虚栄は人間的自然における最も普遍的な且つ最も固有な性質である。虚栄は人間の存在そのものである。人間は虚栄によつて生きてゐる。虚栄はあらゆる人間的なもののうち最も人間的なものである。

確かに動物には虚栄はない。「一点の曇りもない」という表現を借りるならば、「一点の虚栄もない」人間はいないだろう。したがって標記の聖書の教えは、虚栄の存在の否定ではなく、虚栄を求める心の否定になっている。

宣伝者（のべつたふるもの、せんでんしや）

我《われ》これが為《ため》に立《たて》られて宣伝《のべつたふ》る者《もの》となり（元訳、提摩太前書二・七）

我《われ》これが為《ため》に立《た》てられて宣伝者《せんでんしや》となり（改訳、テモテ前書同）

「宣伝《のべつた》へ」という言葉は、すでに元訳の馬太伝四章一七節に「イエス始《はじめ》て道《みち》を宣伝《のべつた》へ天国は近《ちかづ》けり悔改《くひあらた》めよと曰《いひ》たまへり」とある。イエスの最初の宣教は、このように異邦のガリラヤから始められた。

『言海』には「宣伝」の言葉は音読みも訓読みもない。伝統的な日本の宗教にあっては、神道はもちろん、仏教も、鎌倉時代を除き、寺請け制度により政治的支配者の監督下におかれ、積極的な宣教の必要がなかったことの表れである。それが明治維新期になり、神道国教政策により宣教使が置かれ「宣教」という言葉が使われた。右記のように「宣伝《せんでん》」という言葉は聖書に登場して以降、今では思想にせよ商品の販売にせよ広く用いられている。

石川達三の『風にそよぐ葦』（一九五〇／五一）には、主人公の葦沢悠平と友人たちとの会話のなかに、陸軍報道部の話が登場、「宣伝のことだがね。あの連中は事務室のなかで昼酒を飲んでゐたよ。それも、仕事をちやんとやつてゐるのなら僕は別に文句は言はんが、宣伝を司る報道部が宣伝をなまけてゐるんだから君、問題にならんよ」。

加藤周一の『羊の歌』（一九六八）では、一九三〇年代の日本の状況を欧米に比して次のように述べている。

こちら側では、熱狂的な「愛国者」たちが、彼らの宣伝のすべてを「日本的なもの」とむすびつけていた。

しかし、現代はマスコミの発達と大量消費の時代となり、「宣伝」力が最重要視されている。その日本語として最初の用例を聖書としてよいかどうか。やや躊躇されるが、とりあえず聖書語のなかに入れておく。

パナソニックの創業者松下幸之助の『私の行き方考え方』（一九六二）には、一九一二年、毎日新聞社が浜寺公園に海水浴場を開設にあたり、その「宣伝広告イルミネーション」の設置を、当時松下の勤めていた会社に依頼してきた話が記されている。「当時、点滅イルミネーションの工事というものはあまりなかった」時代という。このほか、本書には実業家の伝記だけあって「宣伝」という言葉は何度も使われている。

敬虔（けいけん）

凡《すべ》てキリストイエスに在て神を敬《うやま》ひつ、世《よ》を渡《わた》らんと志《こころざ》す者は窘《せめ》を受《う》くべし

（元訳、提摩太後書三・一二）

凡《おほよ》そキリスト・イエスに在《あ》りて敬虔《けいけん》をもて一生《いつしやう》を過《すご》さんと欲《ほつ》する者《もの》は迫害《はくがい》を受《う》くべし

（改訳、テモテ後書同）

「敬虔」という言葉も『言海』には採用されていない。中国語訳聖書にはあるから、その影響か

もしれない。

野上弥生子の『森』(一九八五)には、日本女学院(明治女学校がモデル)の教師であった篠原健(荻原碌山)の送別会の模様が「讃美歌にはじまり、敬虔な祈りに終っても教会めいた枠のない暢びやかさ」のみられる会合として描かれている。

現在では必ずしも宗教と関係なくつつしみ深い人柄にも用いられる。この言葉の反意語を、『人間失格』(一九四八)で反意語遊びを楽しんだ太宰治にあやかって求めるならば、「出しゃばり」か、それとも「傲慢」か。

草の花(くさのはな)

それ人は既《すで》に草《くさ》の如《ごと》く其栄《さかえ》は凡《すべて》の草《くさ》の花《はな》の如《ごと》し草は枯《かれ》その花《はな》は落《おつ》

人《ひと》はみな草《くさ》のごとく、その光栄《くわうえい》はみな草《くさ》の花《はな》の如《ごと》し、草《くさ》は枯《か》れ、花《はな》は落《お》つ
（元訳、彼得前書一・二四）
（改訳、ペテロ前書同）

旧約聖書の以賽亜《いざや》書四〇章六―七節に「人《ひと》はみな草《くさ》なり、その栄華《はえ》はすべて野《の》の花《はな》のごとし草《くさ》はかれ花《はな》はしぼむ」とある言葉にもとづく。

福永武彦の小説『草の花』（一九五四）の冒頭にも、この句が記されている。題名の由来である。「カミ」の言葉が永遠であるのに対して、人間の一生も、その栄光も草の花のようにはかない。

この言葉をとりわけ感じるときは、叙勲の日である。ある年齢に達すると一定の段階以上の受賞者は、その氏名が全国紙によって報道される。いつの日か、それにサッと目を走らせる時があった。そこに知友の名を見出すと、「ああ、お前もか」と心の中でつぶやく。日頃、立派なことを言ったり書いたりしている人の真価の品定めである。しかし、当今では友人、知人たちも年齢的に基準を超えているので受賞の対象から外され、それに従って紙面を見ることもなくなった。

黙　示（もくし）

約翰《ヨハネ》黙示録《もくしろく》　（元訳）

ヨハネ黙示録《もくしろく》　（改訳）

正宗白鳥の『何処へ』（一九〇八）では、冒頭において、主人公の菅沼健次につき次のように紹介している。

彼《か》れは一度も泣言を云つたことはない。人生の寂寞《せきばく》とかを文章にして雑誌へ寄稿したこともない。同窓の冥想家からは浅薄と云はれる程あつて、飛花落葉に対して、深沈《しめやか》な感に耽り、自然の黙示に打たれるでもなく、友人にでも遇へば、急に沈んだ心も浮立つて快活に談笑し警句百出諧謔縦横。（原文総ルビ）

三島由紀夫は『仮面の告白』（一九四九）のなかで松旭斎天勝の奇術にふれ「彼女は豊かな肢体を黙示録の大淫婦めいた衣装に包んで、舞台の上をのびやかに散歩した」と表現。ちなみに改訳聖書のヨハネ黙示録一七章の「最後の審判」には「大淫婦の審判」が描かれ、「女《をんな》は紫色《むらさき》と緋《ひ》とを著《き》、金《きん》・宝石《はうせき》・真珠《しんじゅ》にて身《み》を飾《かざ》り手《て》には憎《にく》むべきものと己《おの》が淫行《いんかう》の汚《けがれ》とにて満《み》ちたる金《きん》の酒杯《さかづき》を持《も》ち、額《ひたひ》には記《しる》されたる名《な》あり」と記されている。この三島による「大淫婦」の連想は、三島が聖書のどういうところに関心を抱いたか、その一例証になるかもしれない。

森有正の『生きることと考えること』（一九七〇）には、日本について「フランスへいった最初のころの夢というのは、みんな子どものころのことで、いつも東京の角筈のうちとか、母とかが出てきたわけですが、それが、あとになると、月になったり、地球になったりというふうに、もっと黙示録的になってくるのです」と日本に関する夢の変化が語られている。灰色のパリにいて日本は「青い空間」にみえたという。

最後に塚本邦雄の歌を一首。

「約翰《ヨハネ》黙示録」読みをへてああ眩暈《めまひ》その眼の底の苦艾《チェルノブイリ》

（『約翰伝偽書』短歌研究社、二〇〇一）

ちなみに苦艾《にがよもぎ》は約翰默示録では天より落ちてきた星の名で「水《みづ》の三分《さんぶん》の一《いち》は苦艾《にがよもぎ》となり、水《みづ》の苦《にが》くなりしに因《よ》りて多《おほ》くの人《ひと》、死《し》にたり」（改訳、八・一一）とある。原発事故のあったロシア（現ウクライナ）のチェルノブイリの意味はこのニガヨモギという。二〇二二年、ロシアによるウクライナ侵攻により一度占拠された。

アルパ〔アルファ〕

主《しゅ》たる神いひ給《たま》へり我《われ》はアルパ也オメガなり始《はじめ》なり終《をはり》なり（元訳、約翰默示録一・八）
全能《ぜんのう》の神《かみ》いひ給《たま》ふ「我《われ》はアルパなり、オメガなり」（改訳、ヨハネ黙示録同）

「アルパ」と「オメガ」は、いうまでもなくギリシア語アルファベットの最初と最後の文字である。このことから、ものごとの一切とか始終全部を言い表すばあいに用いられるようになった。

西田幾多郎は『善の研究』（一九一一）第一編第一章において、名高い「純粋経験」について、「純粋経験の事実は我々の思想のアルファでありオメガである」と約翰《ヨハネ》默示録の表現を用いている。すなわち、それがギリシア語の最初の「アルファ」と最後の「オメガ」であるとは、「純粋経験」がその思想の本質であることを物語る。西田の親友である鈴木大拙の所有していた英訳聖書にも同じく'I am Alpha and Omega' の部分に下線が付されていた。

生命の水の泉（いのちのみづのいづみ）

羔羊《こひつじ》は彼《かれ》らを牧《ぼく》して生命《いのち》の水《みづ》の泉《いづみ》にみちびき

（改訳、ヨハネ黙示録七・一七）

元訳では「活《いけ》る水《みづ》の源《みなもと》」となっているために引用を除いた。

日本最初の原爆の記録とされる『天よりの大いなる声』（一九四九）に、栗原貞子は、死の街と化し、「まだ瓦の中には死臭と鬼気が残っている」広島にもかかわらず、いつの間にか人々が集まり「青い菜園」まで出来ていく光景を見て「生命の泉」と題した詩を寄せている。

また、自由キリスト教の伝道者であった赤司繁太郎（一八七二―一九六五）は、一九三七年に『生命の泉』と題した機関誌を創刊している。

しばらく前のことだが、テレビである指圧師が「押せばいのちの泉わく」と常に唱えていた光景も思い出される。

ハルマゲドン

かの三《みつ》の霊《れい》諸王たちをヘブルの音《をん》にてハルマゲドンとよぶ所《ところ》に集《あつめ》たり

（元訳、約翰黙示録一六・一六）

かの三《み》つの霊《れい》、王《わう》たちをヘブル語《ご》にてハルマゲドンと称《とな》ふる處《ところ》に集《あつ》めたり

（改訳、ヨハネ黙示録同）

「ヨハネ黙示録」において、世界の最終戦争の行われる地名であるが、現在では一般にも最終戦争そのものを示す言葉として用いられている。まだ授業をしていた教員時代、講義が終わると時々教壇のところに集まる学生たちから質問を受けた。その一人から「ハルマゲドン」について質問され驚いた。聞くと「コミック」で知ったという。時代が変わったことを痛感。

2　旧約聖書詩篇の聖書語

日本の教会では、一般信徒たちは日曜日の礼拝には新約聖書だけを持参して参加していた。旧約、新約の両聖書の持参も、両聖書を収めた大部の一冊本持参も、いずれも大きな負担になったためである。ただ、旧約聖書のうち詩篇だけは礼拝に用いられることも少なくなかったため、『新約全書』（一八八〇）が刊行されるとまもなくして『新約全書　詩篇附』が刊行されるようになる。したがって、詩篇の文章や言葉も日本語のなかに取り込まれるようになった。

そのうえ、詩篇の翻訳は、フルベッキおよび礼拝において詩篇を重視する聖公会のウイリアムスが中心となって訳したうえ、植村正久、松山高吉ら文学的センスの豊かな日本人の協力があった。詩篇の訳文については井上篤夫著『フルベッキ伝』（国書刊行会、二〇二二）を参照。

そのような意味で詩篇の文章のなかから、愛用されてきた言葉も若干紹介しておきたい。

なお、新約聖書は一九一七（大正六）年に本格的な改訳版が作成されたが、旧約聖書に関しては計画されなかった。その代わりに一九一四（大正三）年ごろに改訂版が作成された。この両者の相違を詩篇の冒頭の第一篇一節でみると次のとおり。

元版（一八八八、明治二一）

悪《あし》きものの謀略《はかりごと》にあゆまず、つみびとの途《みち》にたたず嘲《あざけ》るものの座《ざ》にすわらぬ者《もの》はさいはひなり

改訂版（一九一四、大正三）

悪《あし》き者《もの》の謀略《はかりごと》にあゆまず、罪人《つみびと》の途《みち》にたたず、嘲《あざけ》る者《もの》の座《ざ》にすわらぬ者《もの》は幸福《さいはひ》なり

両者は、音で聞く限り変化はないが、文字で読むとき、明らかに漢字が増えている。

山の基はゆるぎうごきたり

ヱホバ怒りたまひたれば地はふるひうごき山の基はゆるぎうごきたり　（詩一八・七）

新約聖書にもイエスは「信仰《しんかう》ありて疑《うたが》はずば此無花果《いちじく》に於《おけ》るが如耳《ごとくのみ》ならず此《この》山に命《めい》じ此《ここ》より移《うつ》されて海《うみ》に入《いれ》よと云《いふ》とも亦成《なら》ん」（元訳、馬太伝二一・二一）と告げている。

与謝野晶子は、『青踏』の創刊号（一九一一）に寄せた「そぞろごと」のなかで、女性の活動時代の到来を告げ「山の動く日来《きた》る」と題する詩を寄せている。晶子は聖書を所有して愛読、上京中の石川啄木は彼女から聖書を借りた（『ソア』四五、日本聖書協会、二〇一八年三月一日）。

日本社会党が一九八九年の参議院議員選挙で多数を得たとき、土井たか子委員長は「山が動いた」と述べた。与謝野晶子の文章が念頭にあったとされるが、土井自身も信徒であった。

地のはてにまで

もろもろの天《てん》は神のえいくわうをあらはし穹蒼《おほぞら》はかみの手《みて》のわざをしめす　この日《ひ》ことばをかの日《ひ》につたへ、このよ知識《ちしき》をかの夜《よ》におくる　語《かた》らずいはずその声《こゑ》きこえざるに　そのひびきは全地《ぜんち》にあまねくそのことばは地《ち》のはてにまでおよぶ

（詩一九・一―四）

吉屋信子の小説『地の果まで』（洛陽堂、一九二〇）は『東京朝日新聞』の懸賞小説の入選作品である。このような題名の言葉だけなら他にもみられるだろうが、著者は聖書の言葉から採ったとみられるので取りあげた。なお、この言葉は、詩篇の名訳を示す代表的な一文であるので、やや長いが引用した。

死のかげの谷

たとひわれ死《し》のかげの谷《たに》をあゆむとも禍害《わざはひ》をおそれじ

（詩二三・三）

中村真一郎に『死の影の下に』（一九四七）と題した作品がある。「伯母」や「利兵衛」の死をはじめ、最後は「父」に至るまでの「死の影の下に」ある半生が描かれている。

信濃追分の堀辰雄記念館において、妻堀多恵から筆者（鈴木）が聞いた話によると、一九三七年、同地の油屋旅館で『風立ちぬ』を執筆中、旅館の火事に遭い、軽井沢の川端康成の別荘を借りて完成させた。その別荘は木々の鬱蒼と繁った暗い土地にあったために「死のかげの谷」ともよばれることもあったが、堀は「幸福の谷」と呼んでいたという。これは『風立ちぬ』末尾の「死のかげの谷」にも記されている。

わが愆

われはわが愆《とが》をしる、わが罪《つみ》はつねにわが前《まへ》にあり　（詩五一・三）

夏目漱石が一九〇八年に『朝日新聞』に連載した「三四郎」のなかで、教会から出て来た美禰子が三四郎を前にして「われは我が愆を知る。我が罪は常に我が前にあり」とつぶやく。この言葉をめぐる漱石と聖書の関係については『聖書を読んだ30人』（日本聖書協会、二〇一七）を参照。

山にむかひて

われ山《やま》にむかひて目《め》をあぐわが扶助《たすけ》はいづこよりきたるや　（詩一二一・一）

太宰治は、作品『正義と微笑』（一九四二）において「暗澹。沈鬱。われ山にむかひて目をあぐ。

わが扶助《たすけ》はいづこよりきたるや」と引用、ほかにも数か所で用いている。

ふかき淵より

あゝヱホバよわれふかき淵《ふち》より汝《なんぢ》をよべり　（詩一三〇・一）

島尾敏雄の『われ深きふちより』（一九五五）、五木寛之の『蓮如・われ深き淵より』（中央公論社、一九九五）をはじめ、「深き淵より」にちなむ題名をもった作品は、小説、記録、音楽など、そのジャンルを問わず多い。

結び　日本語となった聖書語の特徴

最後に、以上に採り上げてきた「日本語になった聖書語」の特徴を、その代表例にもとづきまとめておきたい。

1　世界観の拡大

聖書の言葉は、空間的、時間的に日本人の見方の拡大をもたらした。これまでにも没後の世界として極楽、彼岸、浄土、冥界、黄泉《よみ》、来世、あの世などの言葉があったが、最近では「天国」が高い用例を占めている。たとえば、もし今、日本人の精神世界から「天国」を取り去ったならば、どんなに淋しくなることであろう。その「天国」に関連する言葉として「復活」も挙げておきたい。この言葉は最近では本来の「天国」に関係なく、実に多方面で使われるようになっている。当初の提案にはなかった予算の「復活」、スポーツ選手の不調からの「復活」など、毎日の新聞記事のなかで容易に出会う言葉になっている。

また「楽園」は、他界のみでなく現世においても理想郷としての用例が急増している。田舎暮らしに「人生の楽園」を見出す人たちもいる。これに反して「極楽」のイメージは、ある国文学者が「ハスの花に囲まれて、じっと座っているだけの極楽は退屈だから行きたくない」と語ったような見方があるためかもしれない。内村鑑三の描く「天国」では、ニュートンが理学を、ペスタロッチが教育学を、カントが哲学を担当していて、それを学ぶ学校のようにイメージされている（『宗教座談』一九〇〇）。

2　人間観の転換

「隣人」という言葉は、これまでの文字通り近所の「お隣さん」だけでなく、広く他国人まで含めた人類一般をさす言葉として用いられている。相手を知っているかどうかを問わず、同郷人、同県人、同国人の境を越境し、まったく未知の外国人もふくまれる。

同じことは、「父」が肉親の父でなく「神」すなわち「天父」を指すように、「兄弟・姉妹」についても、同じ教会に属する会員はもとより人類一般を表す言葉になっている。

他方、聖書では残念ながら「学者」は「祭司」（日本では僧侶にあたる）同様に悪評の高い職業になっている。

また「外国人」という言葉が、「同国人」に対する言葉として「内」と「外」との境界を意識した言葉であるのに対し、「異邦人」は、聖書のサマリア人の話の影響もあるであろうが、寂寥感、孤独感というような特別な情感のこめられた表現になっている。

「罪人」、「義人」も、前者がただの悪人、後者が正しくて立派な人という、従来の文字通りの固定観念ではわりきれない。その心のあり方次第では、両者は互換出来るような意味内容を伴う。

3　価値観の転倒

人間観の転換を他の万物、万象にあてはめると価値観の転倒になる。「芥種《からし》」、「隅の首石《おやいし》」、「一粒の麦」、「地の塩」など、一見したところ、小さくて無用に見えるもの。しかし、それらは実は無くてはならぬものである。これらの言葉と精神により、弱肉強食の世界を脱して、真の人間の生活がもたらされている。

また、倫理行動において、よく言われるように儒教の消極性に対してキリスト教の積極性が指摘されている。その代表例が、『論語』の「己れの欲せざるところを人に施す勿れ」に対する聖書の「人に為られんと思ふことは、人にも亦その如くせよ」であり、前者の消極性に対して後者の積極性である。

4　社会関係に変化

旧約聖書、新約聖書という言葉がすでに物語るように、聖書では「神」と人間の関係は契約にもとづくところから出発していた。日本の私学における医学部の入学試験の不正は、その父兄との特別な関係、なんらかの縁故が横行していたように、まだまだ「コネ」は日本社会全般を覆っている人間関係である。肉親の縁、同郷の縁、同学の縁……、なかなか日本社会は縁から脱却していない。これに対して、聖書では、「神」と人との関係さえも出発点に契約が置かれている。その間の約束として旧約聖書では「律法」が存在したが、新約聖書も、そこには旧約の行為主義に対して信仰主義への転換があった。それにしても契約であることには変わりない。

5　身近な教典

日本では、右に述べたように『論語』があったが、現世的な倫理、教訓にとどまり、仏教は多くの宗派に分かれていたうえ、幕府による統制で「イエ」が宗教化し、教派を超えては拡がらなかった。そのため、伝道を介して教えを積極的に広める必要はなかった。したがって経典の占める役割は小さく、唱えても意味はわからなかった。その点、近代に入り後来のキリスト教は、聖書にもとづく積極的な伝道により、「ムラ」の宗教としての神社神道、「イエ」の宗教としての仏教の真中に分け入るしかなかった。その際、最初にして最後のよるべき手だてが聖書であったといってよい。当初は、聖書も教派により若干の翻訳上の相違はあったが、それでも共通性の方が大きかった。こうして、今日ではカトリックとプロテスタントの共同訳も生じている。

6　つけたし・「神」と「愛」

本書では、聖書の日本語訳を通じて新たにもたらされた日本語を採り上げてきたが、従来の日本語を大きく変えた言葉として「神」と「愛」についても一言しないわけにはゆかない。

二語とも、翻訳者が参考にした中国語訳聖書に従った結果である。ところが中国では'God'の訳語に「神」を採用したことにより大論争が生じた。このことは、すでに「『カミ』の訳語考」（『講座 宗教学4――秘められた意味』藤田富雄編、東京大学出版会、一九七七）に於いて採り上げた。ここではこの訳語をそのまま採用した日本のケースにつき一瞥しておきたい。

福沢諭吉は、子供時代に「神様」の名の書いてある「神札《おふだ》」を踏んだが何もなく、また、近所の稲荷社の神体を納めてある箱の石を入れ変えたりしている（『福翁自伝』時事新報社、一八九九）。津田左右吉は一九〇三（明治三六）年に記した日記のなかで、'God'という言葉を聞くと敬虔の情が起こるが、「神」には起きないと述べている（『津田左右吉全集』二六、岩波書店、一九六三）。

「神」はそのような存在であったから、キリスト教の教師になった山本秀煌《ひでてる》が、一八七八年ころ出向いた名古屋でキリスト教の「神」を説くことに苦労、「天」、「上帝」、「真神」などの言葉を用いた。「愛」も同じで男女間の「一種の低い卑しい意味」で使われていたという。そのため儒教の「仁」を借り「仁愛」などとして語ったとされる（古部幾太郎編『めぐみのあと』アルパ社書店、一九三〇）。

キリシタン時代においても、もっぱら「御大切」という言葉が、今では「愛」と言うようなところで使われていることは、新村出の『日本の言葉』（創元社、一九四〇）などで指摘されている。そのような言葉の過去があったにもかかわらず、今日、「神の愛」といえばほとんど抵抗なく受け入れられるようになったのは、やはり聖書の普及によるのであろう。

以上に述べたことからわかるように、日本におけるキリスト教信徒の数は、隣の韓国が今やキリスト教国になっているのに比し、いまだ総人口の一パーセント前後にとどまっている。それに反して、このような壁を乗り越えて普及している書物が聖書にほかならない。その結果が、本書でみたように「聖書語の日本語化」をもたらしたのである。こうして、聖書語は、もはや単なる外来語から日本語として定着し、日本人の精神世界の奥行きをひろげ、豊かにするために大きな働きを果たしているといってよい。

付篇　主要参考作品の著者一覧

本書において主に参考にした作品を出版年代順に掲げ、その著者について略記する（同年刊行の場合は、著者の生年順とする）。前述したように、いわゆる「ベストセラー」を選んだ理由は、学術書や特殊な分野の書物と異なり、聖書語の普及の目安となると考えられたためである。結果的には、「ベストセラー」によって、聖書語の日本語化が促進されたように思う。

徳富猪一郎（**蘇峰**）『**将来之日本**』（**経済雑誌社、一八八六**）

評論家。一八六三—一九五七。肥後出身。弟に徳富健次郎（蘆花）。熊本洋学校、同志社に学ぶ。本書は同志社を退学し帰郷している間に公刊。翌年、第三版に序文を寄せた新島襄は、「君ノ図画スル所ハ他ナシ即チ公道正義ヲ以テ邦家ノ大本トナシ武備ノ機関ヲ一転シテ生産ノ機関トナシ圧抑ノ境遇ヲ一変シテ自治ノ境遇トナシ貴族的社会ヲ一掃シテ平民的社会トナスニアリ」と本書の意図を的確にまとめている。蘇峰は、のちに上京して『国民新聞』、『国民之友』などを創刊するが、まもなくしてその立場を一転、国家主義的思想に転じた。

宮崎八百吉『帰省』（民友社、一八九〇）

作家、伝道者。一八六四―一九二二。筆名湖処子。筑前出身。福岡中学校を卒業し一八八四年、東京専門学校に入学。一八八六年、日本基督一致教会牛込教会で和田英豊牧師から受洗。一八八八年、田口卯吉の東京経済雑誌社に入社。二年後、『国民之友』創刊により同誌の編集者となる。一八九〇年に『帰省』を刊行。一九〇一年、本郷森川町教会の牧師に就く。翌年、聖学院神学校教授。一八九八年以後、独立伝道者となるが民族主義者となる。

内村鑑三『後世への最大遺物』（便利堂書店、一八九七）

キリスト教思想家。一八六一―一九三〇。江戸出身。札幌農学校、アマスト大学に学ぶ。一八九一（明治二四）年、第一高等中学校教員時代に起こした「教育勅語不敬事件」および日露戦争における非戦論で知られ、また、キリスト教伝道者として無教会キリスト教を唱道。『後世への最大遺物』は、一八九四年夏、箱根で開催されたキリスト教青年会夏期学校で行った講演記録である。三年後の一八九七年、京都の便利堂書店から刊行されると、大きな反響をよんだ。当時の日本では、いわゆる立身出世が説かれ、その方面の類書は多かったが、本書はまったく逆の内容だった。しかし、内村同様に、人生の失敗を重ねてきた青年たちにとり、激励の書となった。本稿では便利堂本をテキストとしたが、その後、東京独立雑誌社、警醒社書店などと発行元を変えて版を重ねた。

最近では、本書は、二〇一九年一二月にアフガニスタンで現地の人々のために働いている最中、凶弾に倒れた中村哲医師の愛読書だったことで知られている。

徳富健次郎（蘆花）『思出の記』（民友社、一九〇一）

作家。一八六八―一九二七。肥後出身。兄に徳富猪一郎（蘇峰）。一八七八年、同志社に入学するが翌年退学。四国の今治で伝道などをした後、一八九六年、同志社に再入学。しかしまもなく帰郷。一八八九年、上京し蘇峰の経営する民友社に入社。『不如帰』につづき自伝的小説『思出の記』により文名を知られる。一九〇六年、ロシアにトルストイを訪問、帰国後、東京府下千歳村に居住、著作活動に従事。幸徳秋水の「大逆事件」による逮捕を批判し第一高等中学校で「謀反論」と題して講演。一九二四年、アメリカによる排日法に反対、『太平洋を中にして』（文化生活研究会）を編纂し刊行。

幸徳秋水『帝国主義』（警醒社書店、一九〇一）

社会主義者。一八七一―一九一一。本名伝次郎。高知県出身。一八八七年、上京するが保安条例により同年東京を追放。中江兆民のもとで学僕をつとめた後、一八九八年、朝報社に入社。社会主義研究会に参加。一九〇一年、安部磯雄、木下尚江らと社会民主党結成。足尾鉱毒問題では田中正造の直訴文を起草。ロシアとの開戦に反対し、一九〇三年、堺利彦とともに朝報社を退社し、『平民新聞』を発行。一九〇五年、筆禍事件により入獄。出獄後アメリカに渡り、同地の日本人と社会革命党を結成するが同年帰国。一九一〇年、「大逆事件」の嫌疑により逮捕され、翌年死刑執行。

国木田独歩『欺かざるの記』（佐久良書房・隆文館、前篇一九〇八／後篇一九〇九）

作家。一八七一―一九〇八。本名哲夫。千葉県出身。一八八七年、山口中学校を中退して上京、一八八八年、東京専門学校に入学。一八九一年、植村正久の一番町教会で受洗。一八九四年、徳富蘇峰の国民新聞社に入社。日清戦争に従軍記者として派遣された。一八九五年、女性運動家佐々城豊寿の娘、佐々城信子と結婚。ほかに『武蔵野』などで知られている。本資料としては、両者の関係を中心として編集された一九一八年刊行の新潮社版『欺かざるの記――恋愛日記』を用いた（本文中における刊行年も新潮社版とする）。

島崎藤村『春』（私家版『緑蔭叢書』第弐篇、一九〇八）

作家。一八七二－一九四三。本名春樹。長野県出身。一八九三年、北村透谷らと『文学界』を創刊。一八九七年、詩集『若菜集』を刊行。一九〇六年、『破戒』刊。その青春時代に題材をとった本作品に登場する人物は容易に実在人物が想定される。主人公の岸本捨吉が藤村自身、勝子は明治女学校の教え子佐藤勝子、青木駿一が北村透谷、菅時三郎が戸川秋骨、市川仙太が平田禿木などであり、その他、星野天知、植村正久、上田敏、馬場孤蝶、山路愛山、樋口一葉などと思われる多彩な人物が描かれている。単に藤村自身の青春史にとどまらず、日本の文学史はもちろん、社会史、精神史、キリスト教史からみても意味ある作品となっている。

正宗白鳥『何処へ』（易風社、一九〇八）

作家。一八七九－一九六二。本名忠夫。岡山県出身。一八九六年、東京専門学校に入学。一八九七年、植村正久から受洗。内村鑑三の影響を受ける。一八九三年、読売新聞社に入社。一九〇七年「塵埃」、一九〇八年「何処へ」を発表し自然主義作家として知られる。「何処へ」の題名は、当時、ポーランドの作家シェンキェヴィッチの作品 'Quo Vadis' が松本雲舟により『何処に行く』と題して刊行されていたから、その影響かもしれない。その作品は聖書のヨハネ伝一三章六節にあるペテロがイエスに問うた言葉「主《しゅ》よ、何処《いづこ》にゆき給《たま》ふか」によるものである。

筆者（鈴木）は学生時代に正宗の講演を聴いた。話が終わると、メモを書き留めた紙をくしゃくしゃのまま内ポケットに収めたしぐさが忘れられない。晩年、正宗は、泊まったホテルに備付けの聖書がなくて淋しく感じた話をある雑誌に寄稿していた。

夏目漱石『三四郎』（春陽堂、一九〇九）

作家。一八六七―一九一六。本名金之助。江戸出身。一八九〇年、帝国大学英文科に入学。一八九三年、同大学を卒業し東京高等師範学校の教員となる。一八九五年、愛媛県尋常中学校、一八九六年、第五高等学校に教員として赴任。一九〇〇年、イギリスに留学しロンドンに滞在。一九〇三年、帰国し第一高等学校、東京大学の講師を勤める。『吾輩は猫である』、『坊っちゃん』を『ホトトギス』に連載。一九〇七年、朝日新聞社に入社。一九〇八年、同紙に「三四郎」を連載。翌年、単行本として刊行。一九一一年、文部省による「文学博士」の学位授与を辞退。一九一四年、『こゝろ』を『朝日新聞』に連載。

漱石と聖書に関しては、拙著『聖書を読んだ30人――夏目漱石から山本五十六まで』（日本聖書協会、二〇一七）において、美彌子の言葉「われ我が愆《とが》を知る。我が罪は常に我が前にあり」の出所を、直接旧約聖書によるものでなく、『日本聖公会祈禱書』（一九〇六）によることを明らかにした。

新渡戸稲造『修養』（実業之日本社、一九一一）

教育者。一八六二―一九三三。盛岡出身。札幌農学校、東京大学をへてアメリカに留学。東京大学に学ぶにあたり「太平洋の橋とならん」との希望を述べた。一八八四年、アメリカに渡りジョンズ・ホプキンズ大学に学ぶ。同地で結婚したメリー（Mary, Erkinton）のために教えた日本の精神が英文著書『*Bushido*』である。帰国後、札幌農学校、京都帝国大学教員をへて東京帝国大学教授兼第一高等学校校長に就く。一九一九年、国際連盟次長に就任。一九三三年、太平洋会議のためカナダに行き現地で死去。著書『修養』は古今および東西両洋の多くの例を引き、平易に説いた書物として大きな反応をよんだ。

西田幾多郎『善の研究』（弘道館、一九一一）

哲学者。一八七〇―一九四五。石川県出身。東京大学選科に学び一九一〇年、京都帝国大学助教授（のち教授）に就く。青年時代からの友人鈴木大拙とともに親しんだ禅の体験が、本書『善の研究』に反映、主体と客体との間の未分の領域「純粋経験」を説く。一九一二年、西田の思想を熟読した第一高等学校生倉田百三により「生命の認識的努力（西田幾多郎論）」が同校『校友会雑誌』に発表され、さらに、同論を収めた倉田の『愛と認識との出発』（一九二一）がベストセラーとなったことにより、西田の『善の研究』およびその思想は、いっそう広く学生、青年の間に知られるにいたる。その後、本書独自の「絶対矛盾の自己同一」の思想は「西田哲学」と称され、日本を代表する哲学思想に数えられている。

阿部次郎『三太郎の日記』（東雲堂、一九一四）

哲学者。一八八三―一九五九。山形県出身。一九〇四年、東京帝国大学哲学科に入学。本書の「自序」によれば「明治四十一年から大正三年正月に至るまで、凡そ六年間に亙る自分の内面生活の最も直接的な記録」である。一九〇七年、大学を卒業。その後、波多野精一のもとで田辺元、石原謙、安倍能成らと共にヘーゲルの『精神現象学』を読み、一九〇九年、「夏目漱石の門に出入」し、一九一三年から慶應大学で美学を講義していたころの記録とされる。一九二二年、東北帝国大学法文学部美学講座に教員として赴任。一九四五年、同大学を定年により退職。本書は一九一五年に続編『三太郎の日記第二』も刊行。旧制高校生および大学生の間によく読まれるとともに、入学試験問題としても出題されることが多かった。本資料として一九一八年に岩波書店から刊行された『合本 三太郎の日記』を用いた。

倉田百三『出家とその弟子』（岩波書店、一九一七）

作家。一八九一―一九四三。広島県出身。第一高等学校を結核により退学後、郷里で療養。家の宗教は浄土真宗であったが、当時、キリスト教の教会にも通い聖書も愛読していた。作品「出家とその弟子」は、当初、白樺系の衛星誌『生命の川』に発表、のち岩波書店からまとめて単行本として刊行。同じく『愛と認識との出発』（一九二一）とあわせ、ベストセラーとなる。当時の著者は「歎異抄」とともに聖書にも親しんでいたから、『出家とその弟子』には仏教とキリスト教の思想が反映。英訳版を読んだロマン・ロランにより、仏教のハスの花とキリスト教のユリの花との調和した作品として賞賛された。真宗側からは、そのキリスト教色を批判されたが、いわゆる歎異抄ブーム、親鸞ブームの一因となった。また、西田天香の『懺悔の生活』、賀川豊彦の『死線を越えて』とならび、大正宗教時代をもたらした書物となる。

有島武郎『生れ出《いづ》る悩み』（叢文閣、一九一八）

作家。一八七八―一九二三。東京出身。親戚の新渡戸稲造の家に寄宿して、新渡戸が教師を勤める札幌農学校に入学。同校卒業後、東京大学入学にあたり、将来の志望として「太平洋の橋とならん」と答えたことで知られる。一九〇三年、アメリカに留学し、一九〇七年、帰国。札幌農学校の教員に就くが、一九一一年、所属していた札幌独立教会を退会し内村鑑三を悲しませた。一九一五年、東京に戻り『白樺』同人となる。『生れ出る悩み』は、一九一八年、『大阪毎日新聞』、『東京朝日新聞』に連載、同年、叢文閣より『有島武郎著作集』第六輯として刊行。家業の漁業とあわせ、画業に従事する青年を描く。一九二三年、「宣言一つ」を発表し、ニセコにある有島農場を小作人に解放。本書の一部は学校教科書に採用されることも多い。

武者小路実篤『友情』（以文社、一九二〇）

作家。一八八五―一九七六。東京出身。一九一〇年、志賀直哉らと雑誌『白樺』を創刊。一九一八年、農業と芸術活動の両立を目指して「新しき村」を宮崎県に開設。作品「友情」は『大阪毎日新聞』に連載後、単行本として刊行。文学青年野島を主人公として、友人仲田の妹杉子に対する感情を描く。当時は、男女の交際の場が限られていたから、このような友人の妹が恋愛の対象になるケースが多い。最後のどんでん返しにより、脇役だった大宮が急にクローズアップ。大宮の野島にあてた手紙によるかぎり、本作品の主人公は野島から大宮に移ったとも受けとられる。それとともに、漱石の『こゝろ』が二人の男性の自殺を招いた結果に比し、本作品では二人は死を選ばない。また『こゝろ』では女性の影が薄いのに対し、本作品では杉子の意志が鮮明である。本資料として『武者小路実篤全集』五巻（小学館、一九八八）の収録作品を用いた。

西田天香『懺悔の生活』（春秋社、一九二一）

宗教家。一八七二―一九六八。本名市太郎。滋賀県出身。開拓民として北海道に移住。のち放浪生活中の京都で、嬰児の泣き声が、ほどなく泣き止んだ出来事により新境地を得る。さらにトルストイの『我が宗教』の影響を受け、清貧、奉仕の生活に入る。一九〇五年、京都の鹿ヶ谷に一燈園を開設。本書『懺悔の生活』は宗教書としてベストセラーになる。トイレの清掃による奉仕の生活（托鉢）で知られる。日本の敗戦後の一九四七年、参議院議員に当選、世界連邦思想に共鳴し世界宗教平和会議（一九七〇）の日本開催に尽力。

中勘助『銀の匙』（岩波書店、一九二一）

作家。一八八五―一九六五。東京出身。東京帝国大学英文科在学中、恩師夏目漱石の推薦により作品「銀の匙」が『朝日新聞』に連載される。仏教的な作品に『提婆達多《でーばだった》』（一九二一）がある一方、聖書にもとづく作品に「鳩の話」や「鷹の話」がある。また勘助を慕って集まる青年たちにはキリスト教信徒が少なくなかった。著者とキリスト教信徒の青年たちとの関係については、その青年の一人塩田章のメモをまとめた筆者（鈴木）による『中勘助せんせ』（岩波書店、二〇〇九）を参照されたい。

吉田絃二郎『小鳥の来る日』（新潮社、一九二一）

作家。一八八六―一九五六。本名源次郎。佐賀県出身。一九〇六年に早稲田大学入学。在学中

に志願兵として対馬に派遣され、その経験をもとに『島の秋』(一九一七)を発表。一九一五年、早稲田大学講師に就く。一九二四年、教授。在職中、井伏鱒二を育てる。

長与善郎『竹沢先生と云ふ人』(岩波書店、一九二五)

作家。一八八八―一九六一。東京出身。学習院をへて東京帝国大学に進むが中退。兄岩永裕吉とともに内村鑑三の聖書研究会に出席。雑誌『白樺』の一員。のち同誌の後継誌である『不二』を主宰。小説に『青銅の基督』(一九二三)など。『竹沢先生と云ふ人』は医師であった父長与専斎がモデルとされるが、内村鑑三の面影も垣間見られる。

林芙美子『放浪記』(改造社、一九三〇)

作家。一九〇三―一九五一。山口県出身。行商を生業とする両親のもとで各地を転々として育つ。尾道市立高等女学校を卒業。一九二二年、作家を志して上京。『放浪記』をデビュー作とし、『浮雲』(一九四九)をはじめ多くの著作を遺した。「花の命は短くて苦しきことのみ多かりき」と歌ったような生活を送り、『朝日新聞』に小説「めし」を連載中に急死。

和辻哲郎『風土――人間学的考察』(岩波書店、一九三五)

倫理学者。一八八九―一九六〇。兵庫県出身。東京帝国大学文科大学哲学科教授。ニーチェ、キルケゴールの研究をへて『古寺巡礼』（一九一九）などを刊行。一九二二年、法政大学教授。ヨーロッパ留学後、京都帝国大学、東京帝国大学教授に就く。本書では、文化を風土によりモンスーン型、牧場型、沙漠型に分けたことで知られる。当時は外国に行くには船旅を利用、港から港への移動にしたがい気候が変わり景観も移る。それを体験した著者の観察の成果が本書には反映している。

相馬黒光『黙移』（女性時代社、一九三六）
実業家。一八七六―一九五五。本名良《りょう》。宮城県出身。宮城女学校、フェリス女学校、明治女学校に学ぶ。一八九三年、相馬愛蔵と結婚、夫の故郷長野県東穂高村に移住（同地の井口喜源治記念館には、持参したオルガンが現在も保管）。一九〇一年、上京して本郷でパン屋を開業。のち新宿に移り、同郷の荻原碌山をはじめ多くの芸術家と交流、インドの独立運動家ボースの保護など多彩で波乱に富んだ人生を送る。『黙移』はその自伝的な作品である。

北条民雄『いのちの初夜』（創元社、一九三六）
作家。一九一四―一九三七。朝鮮に生まれる。母の死により徳島で育つ。一九三三年、ハンセン病となり翌年全生病院に入院。文学作品を川端康成に送り、その推薦で『文学界』に発表、「いのちの初夜」により反響をよぶ。死去の翌一九三八年、『北条民雄全集』上下二巻が創元社から発行された。

島木健作『生活の探求』（河出書房、一九三七）、『続生活の探求』（同、一九三八）

作家。一九〇三―一九四五。北海道出身。一九二七年、共産党に入党。翌年逮捕、一九二九年に転向を表明し、一九三二年に病気により仮釈放。『生活の探求』および『続生活の探求』の両書は、戦後も青年達に愛読された。筆者（鈴木）が、青年時代に先輩の家を訪ねると、その本箱には、わずか数十冊の所蔵書があるだけにもかかわらず、島木の本書が並んでいたことが強く印象に残っている。

堀辰雄『風立ちぬ』（野田書房、一九三八）

作家。一九〇四―一九五三。東京出身。一九二三年、第一高等学校に入学するが一時結核により休学。一九二五年、東京帝国大学国文学科入学。室生犀星、中野重治、萩原朔太郎、芥川龍之介を知る。一九二九年、同大学を卒業。療養生活を続けながら作品を発表。一九三五年、婚約者とともに富士見高原療養所に入所するが、年内に婚約者は死去。その経験を題材に、『風立ちぬ』

を著した。一九四四年、信濃追分に家屋を購入し移転。戦争末期より結核が悪化、四八歳で死去。

三木清『人生論ノート』（創元社、一九四一）

哲学者。一八九七―一九四五。兵庫県出身。一九一四年、第一高等学校に入学し「歎異抄」、西田幾多郎『善の研究』などを読む。一九一七年、京都帝国大学文学部哲学科に進み西田幾多郎、田辺元等に学ぶ。一九二一年、同大学を卒業、龍谷大学講師。一九二二年、ドイツに留学しハイデルベルク大学においてハイデッガー等に学ぶ。一九二四年、パリ大学に移る。一九二六年、帰国。翌年、法政大学教授に就く。一九三〇年、共産主義思想のかどにより逮捕。一九四二年、陸軍に徴用され報道班員としてフィリピンに派遣。晩年は親鸞に関心をもつが、『人生論ノート』には聖書にも親しんでいた痕跡が認められる。一九四四年、共産党員隠匿の容疑で逮捕、敗戦直後の一九四五年九月二六日、豊玉刑務所で獄中死。

志賀直哉『暗夜行路』（座右宝刊行会、一九四三）

作家。一八八三―一九七一。宮城県出身。一八八五年、東京に移る。学習院に入学。一九〇〇年、内村鑑三の聖書研究会に出席。一九〇六年、東京帝国大学文科大学英文科に入学。一九一〇

年、武者小路実篤、柳宗悦、有島武郎らと雑誌『白樺』を創刊。小説「暗夜行路」は一九二一年から一九三七年まで『改造』に連載。一九四三年、座右宝刊行会から刊行。ただし、本資料としては筑摩書房刊行『現代日本文学大系』三四巻（一九六八）を用いた。

同作品は一九五九年に映画化され、謙作役を池部良、妻直子役を山本富士子が演じた。鳥取県の大山の中腹には、本書執筆の宿が存在。

芹沢光治良『巴里に死す』（中央公論社、一九四三）

作家。一八九七―一九九三。静岡県出身。父は天理教の伝道者。第一高等学校、東京帝国大学経済学部に学ぶ。一九二二年、同大学を卒業し農商務省に入る。一九二五年、結婚後、フランスに留学。一九二七年、長女が誕生するが結核にかかりスイスなどで療養。翌一九二九年、帰国。文筆生活に入り、一九四三年に『巴里に死す』を刊行。療養時代の体験にもとづく『孤絶』（一九四三）、『離愁』（一九四五）などを執筆。「巴里に死す」は『婦人公論』に連載した作品。一九五五年、森有正によるフランス語訳が公刊された。一九四六年から数回にわたり雑誌『新婦人』に『聖書物語』を連載。また、天理教教祖中山みきを描いた『教祖様』（一九五九）、大河小説『人間の運命』全一四巻（一九六二―六八）もある。

河上肇『思ひ出』（月曜書房、一九四六）
経済学者。一八七九―一九四六。山口県出身。山口高等学校をへて、一九〇二年に東京帝国大学法科大学政治科を卒業。内村鑑三の『聖書之研究』を愛読。学生時代に足尾鉱毒事件の「婦人救済演説会」において、身につけていた外套などを脱いで寄附、そのまま立ち去ったことで知られる。『読売新聞』などに評論を執筆中の一九〇五年、突然、伊藤証信の無我愛運動に身を投じた。しかし、永続せず、経済学、農政学関係の執筆を続ける。一九〇八年、京都帝国大学法科大学に赴任。ヨーロッパ留学後に同大学教授に就く。著書『貧乏物語』（一九一六）で知られるが、一九一九年、マルクス主義にもとづく『社会問題研究』を創刊。一九二八年、京都大学教授を辞任。やがて共産党に入党。一九三三年、逮捕され懲役五年となる。一九三七年、出獄後は『自叙伝』などを執筆。

中村真一郎『死の影の下《もと》に』（真善美社、一九四七）
作家。一九一八―一九九七。東京出身。幼児期に母を亡くし静岡の祖父母のもとで育つ。開成中学に入学するが父をも失う。第一高等学校をへて東京帝国大学文学部仏文科に入学、加藤周一らの文学グループに参加。『死の影の下に』は少年期までに失った母および父の死が強く反映した作品であり、同書を第一部として、その第二部の『シオンの娘等』（一九四八）から第五部『長い旅の終り』（一九五一）まで刊行。のち日本の王朝文学に関心を寄せた作品を多く遺した。

太宰治『人間失格』（筑摩書房、一九四八）

作家。一九〇九—一九四八。青森県出身。一九二一年ころ読んだ雑誌『童話』のなかで「人、隣人のために命を損《す》つるは、これより大なる愛なきなり」との聖書の言葉に接する。これを太宰は「汝等おのれを愛するが如く、汝の隣人を愛せ」と記憶。一九三〇年、東京帝国大学文学部に入学、非合法活動に従い逮捕。この後、聖書、内村鑑三の著書および塚本虎二の『聖書知識』を読み始める。一九三六年、パピナール中毒により入院中、黒崎幸吉編『新約聖書略註』（一九三四）を愛読。『人間失格』は没後の出版。本資料としては『太宰治全集9』（ちくま文庫、一九八九）を用いた（太宰の作品中の聖書語句に関しては、鈴木・田中良彦共編『対照・太宰治と聖書』聖公会出版、二〇一四）。

大佛次郎『帰郷』（苦楽社、一九四九）

作家。一八九七—一九七三。本名野尻清彦。神奈川県出身。東京帝国大学卒業後、外務省で翻訳の仕事を担当。一九二四年より「鞍馬天狗」などを発表し作家に転じる。時代物の『赤穂浪士』（一九二七）などもあるが、作品「帰郷」は『毎日新聞』の連載小説。晩年は「天皇の世紀」

を『朝日新聞』に連載するが、これが絶筆となった。

末包《すえかね》敏夫編『天よりの大いなる声』（東京トリビューン社、一九四九）
ＹＭＣＡ役員。一八九八―一九九一。香川県出身。一九二一年、同志社大学卒業。神戸ＹＭＣＡ、京都ＹＭＣＡ主事に就く。一九三七年、日本ＹＭＣＡ同盟より駐在員として中国に派遣。一九四七年、帰国。一九四五年八月六日、広島にはじめて原子爆弾が投下された。日本ＹＭＣＡ同盟主事として在任中、広島を訪れ、まだ惨禍の残る街を見、生存者の話を聞き、体験談の執筆を呼びかけた。その結果小学生をはじめ一六篇が集められた。しかし占領下の日本では、その刊行は直ぐには許可されず、一九四九年になってようやく実現。それにもかかわらず、日本人の手でまとめられた最初の原爆体験記となる。
題名は本書に寄せた賀川豊彦の文章「天よりの大いなる声」にもとづくが、新約聖書ヨハネ黙示録一一章一二節の「天《てん》より大《おほい》なる声《こゑ》して」によっている。本書の扉にもその言葉が記載されている。

池田潔『自由と規律――イギリスの学校生活』（岩波新書、一九四九）
英文学者。一九〇三―一九九〇。東京出身。麻布中学校四年修了後、イギリスに渡りパブリック・スクールのリース校、ケンブリッジ大学卒業。ドイツのハイデルベルク大学に留学。一九三一年帰国。一九四五年に慶應義塾大学教授として英文学、英語学を担当。本書は自分の学んだリース・スクールを中心に述べた書物。戦後、一般社会のみならず学校でも自由を享受するようになった日本人に対して、自由の半面には規律を伴うことを、パブリック・スクール生活の紹介を通じて訴えている。当時、パブリック・スクールの卒業生の多くが、オックスフォード大学やケンブリッジ大学に進学し、卒業後は社会の指導層についている。慶應義塾塾長の小泉信三が序文を寄稿。

三島由紀夫『仮面の告白』（河出書房、一九四九）

作家。一九二五―一九七〇。本名平岡公威《きみたけ》。東京出身。学習院中等科時代、同校の『輔仁会雑誌』に「東の博士たち――マタイ伝による」を発表。一九四七年、東京帝国大学法学部卒業。高等文官試験に合格し大蔵省銀行局に就職するが翌年退職。一九五四年『潮騒』、一九五六年『金閣寺』などを発表。一九六八年、楯の会を結成。一九七〇年、楯の会の学生とともに市ヶ谷の自衛隊東部方面総監部に入り、演説後、割腹自殺。

笠信太郎『ものの見方について――西欧になにを学ぶか』（河出書房、一九五〇）

ジャーナリスト。一九〇〇―一九六七。福岡県出身。一九二五年、東京商科大学卒業。一九二八年、大原社会問題研究所所員。一九三八年、朝日新聞社入社。近衛文麿の昭和研究会のメンバーになる。一九四〇年、朝日新聞社の特派員としてヨーロッパに派遣。一九四八年、帰国して同社論説委員に就く。『ものの見方について』は、新聞記者として戦前、戦後にかけてヨーロッパに滞在した経験にもとづき、主としてイギリス、ドイツ、フランスの人々の「ものの見方」を述べたものでベストセラーになる。冒頭の「イギリス人は歩きながら考える。フランス人は考えた後で走りだす。そしてスペイン人は、走ってしまった後で考える」の文章で知られる。

石川達三『風にそよぐ葦』（新潮社、前編一九五〇／後編一九五一）

作家。一九〇五―一九八五。秋田県出身。一九三五年、『蒼氓《そうぼう》』により第一回芥川賞受賞。『風にそよぐ葦』は、日本がアメリカおよびイギリスに対し宣戦布告をする一九四一（昭和一六）年から、敗戦をへて戦後の連合軍による日本占領下の一九四七（昭和二二）年までを舞台に、雑誌社を経営する葦津悠平を中心に描く。自由主義を標榜する葦津とその雑誌は、戦前は厳しい立場に追い込まれ廃刊を余儀なくされるが、戦後は戦後で、新たに全く逆の立場から攻撃される。この間に登場する人物は、実名で記されている人間とともに、清原節雄のように『暗黒日記』の著者清沢洌を彷彿させる人もいる。風に吹かれて靡《なび》いたり倒れる葦もあるが、変転する時代の中にあって、倒れることなく節を曲げずにそよぎ続ける葦もある。

大岡昇平『野火』（創元社、一九五二）

作家。一九〇九―一九八八。東京出身。一九二一年、青山学院中学部に進学し一九二五年まで在籍。一九三二年、京都帝国大学卒業。国民新聞社、一般企業に勤務するとともに評論活動に従事。一九四四年、召集されフィリピンに派遣。翌年、ミンドロ島でアメリカ軍の捕虜となりレイテ島の収容所に送還。敗戦により復員。一九四八年、『俘虜記』刊。「野火」は『展望』に連載後、一九五二年に創元社より刊行。一九六七年、遺跡訪問団に参加しミンドロ島、レイテ島を再訪。

清沢洌『暗黒日記』（東洋経済新報社、一九五四）

ジャーナリスト。一八九〇―一九四五。長野県出身。小学校卒業後、内村鑑三の影響を受けた教育者井口起源治が地元で開いていた私塾研成義塾に学ぶ。一九〇六年、一六歳でアメリカに渡り、働きながら高校、大学に学ぶ。シアトルで穂高倶楽部が結成され、その研究会に参加。一九一八年に帰国。一九二〇年、中外商業新報社に入社。同郷の東京朝日新聞社企画部長・成沢玲川《れいせん》の紹介で同社に転じる。一九二九年、著書『自由日本を漁る』により右翼の攻撃を受け同社を退社。同年夏、アメリカに渡り、年末に『中央公論』特派員の名でロンドンに行き海軍軍縮会議を報道。翌年アメリカを経て帰国するが、以後、アメリカおよびヨーロッパ間をたびたび往復。専門は日本外交史。一九四三年、肺炎により死去。没後、記していた日誌をもとに一九五四年に『暗黒日記』が出版され、さらに一九七九年、その日誌とともに遺された資料を合わせた『暗黒日記　昭和十七年十二月九日—昭和二十年五月五日』（復初文庫）が評論社から刊行。本資料としてこの評論社版を用いた。少年時代、研成義塾で育まれたキリスト教信仰からはのちに離れるが、井口喜源治および内村鑑三から深い影響を受けたことはみずからも語っている。

中村光夫『日本の近代小説』（岩波書店、一九五四）

評論家。一九一一—一九八八。本名木庭《こば》一郎。東京出身。第一高等学校をへて一九三二年東京帝国大学法学部に入学。翌年、同大学文学部仏蘭西文学科に再入学。一九三五年、卒業。一九三八年、フランスに留学するが第二次世界大戦により帰国。明治大学教授。本書『日本の近代小説』において、第一次世界大戦につき漱石の「実際此戦争から人間の信仰に革命を引き起すやうな結果が出て来ようとも思はれない。又従来の倫理観念を一変するやうな段落が生じようとも考へられない……」との言葉を引き、その「予言がまったくはずれ」たと指摘している。すなわち、漱石もふくめた当時の日本人の、世界の「精神」からの孤立をみている。没する前にカトリックで受洗している。

福永武彦『草の花』（新潮社、一九五四）

作家。一九一八―七九。船田学、加田伶太郎の筆名もある。福岡県出身。一九三六年、第一高等学校をへて東京帝国大学文学部仏蘭西文学科入学。卒業後、参謀本部において暗号解読に従事。一九四七年、結核のため、北多摩郡清瀬村の結核療養所に入所。一九六一年、学習院大学文学部教授に就く。本資料として一九七三年刊行の『福永武彦全小説』第二巻（新潮社）を用いた。

柳宗悦『南無阿弥陀仏』（大法輪閣、一九五五）

民芸研究者。一八八〇―一九六一。東京出身。学習院では西田幾多郎、鈴木大拙に学び、武者小路実篤、志賀直哉と交流。東京帝国大学文科大学に進み、一九一三年卒業。一九一九年、東洋大学教授に就く。日常一般の道具、器具として用いられていた品物に美を見出し、民芸運動を起こす。一九二四年に朝鮮民族美術館、一九三六年には日本民芸館を開設。本書は、法然、親鸞の宗教思想につらなる一遍を主題とし、その念仏運動に位置づけを与えるとともに、民芸運動に思想的根拠を付す機縁にもなった。

島尾敏雄『われ深きふちより』（河出新書、一九五五）

作家。一九一七―一九八六。神奈川県出身。一九四三年、九州帝国大学法文学部卒業。海軍に入り第一期魚雷艇学生となる。のち第一八震洋隊の指揮官に就き、太平洋戦争中、奄美群島加計呂麻島の特攻基地の隊長として赴任中、敗戦を迎える。『われ深きふちより』は、同島で過ごした体験と、精神病を発病した妻との生活を中心にまとめられた短編小説集。題名は旧約聖書詩篇一三〇篇の「あゝヱホバよわれふかき淵より汝をよべり」にもとづく。のち島尾には、さらに同様な問題を深めた小説『死の棘』（一九六〇）もある。

丸山真男『日本の思想』（岩波新書、一九六一）

政治学者。一九一四―一九九六。大阪出身。東京帝国大学を卒業、一九四〇年、同大学助教授、一九五〇年教授に就く。主著は『日本政治思想史研究』（一九五二）。本書『日本の思想』は、日本の思想について、その特徴を論じたもので、座標軸の欠如の指摘から始まり、「理論信仰」と「実感信仰」、「ササラ型とタコツボ型」、「「である」ことと「する」こと」などという二分法を用いて、日本の政治、文学などを論じ広く読まれた。当時、筆者（鈴木）も東京大学東洋文化研究所において著者による「正統と異端」と題する話を直接聞いたことがある。堀米庸三『正統と異端　ヨーロッパ精神の底流』（中公新書、一九六四）が刊行されてまもない時期であった。

松下幸之助『私の行き方考え方』（実業之日本社、一九六二）

実業家。一八九四―一九八九。和歌山県出身。尋常小学校四年で中退、丁稚奉公に出される。電気ソケット製造業を始め、一九一八年、松下電気器具製作所を設立。一九三五年、松下電器産業社長に就く。一九四六年、ＰＨＰ研究所を設立。一九七九年、松下政経塾を設け政治家の育成にあたる。本資料としては、『私の行き方考え方――わが半生の記録』（ＰＨＰ文庫、一九八六）を用いた。

伊藤整《ひとし》『求道者と認識者』（新潮社、一九六二）

評論家、作家。一九〇五―一九六九。北海道出身。一九二七年、東京商業大学に入学（のち中退）。詩人として『雪明りの路』を刊行後、小説、評論も発表。一九五〇年、訳書Ｄ・Ｈ・ローレンス『チャタレイ夫人の恋人』により起訴される。一九五四年、『女性に関する十二章』を刊行。本書『求道者と認識者』は『新潮』などに発表した評論をまとめたもの。『日本文壇史』を執筆中死去。

高橋和巳『悲の器』（河出書房新社、一九六二）

作家、中国文学者。一九三一―一九七一。大阪出身。一九四五年、香川県に疎開。旧制松江高

等学校をへて一九四九年、京都大学文学部中国文学科に入学。一九五五年、卒業し大学院に進学。一九五九年、立命館大学講師。一九六六年、明治大学文学部助教授に就くが、翌年京都大学に転じ文学部助教授。一九六九年、大学紛争により辞職。題名の「悲の器」には新約聖書の「土の器」（コリント後書四・七）の影響が認められる。

井伏鱒二『黒い雨』（新潮社、一九六六）
作家。一八九八―一九九三。広島県出身。同県福山中学校をへて早稲田大学予科に進学するが一九二二年に退学。太平洋戦争中は徴用されシンガポールに行く。『黒い雨』は原爆被災者重松静馬の日記を参考にして著した。

神谷美恵子『生きがいについて』（みすず書房、一九六六）
医師。一九一四―一九七九。岡山県出身。父前田多門の赴任先のスイスで幼少年期を過ごす。一九三五年、津田英学塾を卒業。在学中、母方の叔父で無教会伝道者の金沢常雄が多磨全生園で開催していた聖書研究会に従い、オルガン奏者をつとめた。コロンビア大学医学部、東京女子医学専門学校に学び、一九四四年に卒業。この間、ハンセン病施設・長島愛生園で実習。父前田多門が文部大臣時代、大臣官房に嘱託として勤務。一九五二年、大阪大学医学部に勤務するととも

に長島愛生園の精神科医師を兼務。一九六〇年、神戸女学院大学教授。一九六三年、津田塾大学教授。

遠藤周作『沈黙』（新潮社、一九六六）

作家。一九二三―一九九六。東京出身。幼時を満州の大連で過ごす。一九三三年、帰国し西宮に住む。一九三五年、同市のカトリック夙川教会で受洗。一九四三年、慶應大学に入学。カトリック学生寮に入り舎監吉満義彦の指導を受ける。一九四八年、卒業。一九五〇年にフランスに留学し一九五三年帰国。一九五五年、芥川賞を受賞。一九六六年に作品『沈黙』を発表。主人公はイエズス会のポルトガル人司祭セバスチァン・ロドリゴである。旧師フェレイラの転向の話を確かめる目的も兼ね、同僚の神父ガルベとともに、禁教下の日本に漂流漁民にして信徒のキチジローをともない密入国。やがて、そのキチジローに裏切られて逮捕。最後に長崎で踏絵にかけられキリストの像を踏むとき、ロドリゴは、ようやく沈黙していたキリストの「踏むがいい」との声を聞く。本書は、日本のカトリック内部において毀誉褒貶《きよほうへん》を招いたが、日本人のキリスト教受容のあり方をめぐり問題を提起した作品となる。折しも出版時に日本では学生紛争が起こり、一部では暴力化していた。それにより運動から離脱する学生たちも少なくなかった。そんな学生たちの間にも本作品は愛読された。

家永三郎『一歴史学者の歩み――教科書裁判に至るまで』（三省堂、一九六七）

歴史学者。一九一三―二〇〇二。愛知県出身。一九三七年、東京帝国大学文学部国史学科を卒業。同大学歴史編纂所に勤務。一九四一年、新潟高等学校に専任講師として赴任。一九四四年、東京高等師範学校（一九四九年、新制大学発足により東京教育大学）教授。編纂した教科書『新日本史』が検定不合格となる。一九六五年、教科書検定につき違憲訴訟を起こす。

一九九三年、筆者（鈴木）の著書『内村鑑三日録2――一高不敬事件』（教文館）を新聞で紹介、これを機に文通が始まり絶えず激励に接する。しかし、病状がつのり最後には筆がとれなくなったと電話を頂く。

加藤周一『羊の歌――わが回想』（岩波新書、一九六八）

評論家、医師。一九一九―二〇〇八。東京出身。第一高等学校をへて、東京帝国大学医学部に入学。一九四三年、同大学を繰り上げ卒業し同大学付属病院に勤務。日米原子爆弾影響調査団に一員として参加。一九五六年、フランス政府給費留学生となりフランスに渡る。帰国後は評論活動に転じ、『雑種文化』（一九五六）、『日本文学史序説』（一九七五）などを刊行。

その晩年に『朝日新聞』に連載していた「夕陽妄語」を愛読していた日々が懐かしく思い出される。

森有正『生きることと考えること』（講談社現代新書、一九七〇）

哲学者。一九一一―一九七六。東京出身。東京高等学校を卒業して東京帝国大学文学部哲学科に入学。一九三八年卒業。一九四八年、東京大学文学部仏文科助教授に就く。一九五〇年、フランスに留学。一九五二年、東京大学を辞し、パリ大学東洋語学科の日本語教師として就職。著書に『バビロンの流れのほとりにて』（一九五七）、『遙かなノートル・ダム』（一九六七）など。日本に帰国した時には、当時パイプオルガンを所有している施設が少なく、それを備えていた立教大学のチャペルを訪問して演奏、その際に講演することもあって、筆者（鈴木）も聴講。

土居健郎『「甘え」の構造』（弘文堂、一九七一）

医学者。一九二〇―二〇〇九。東京出身。東京帝国大学医学部を卒業しアメリカに留学。聖路加国際病院神経科医長をへて一九七一年より東京大学医学部教授。日本の社会構造については中根千枝の「タテ社会」論が名高い。それを日本の心理構造でみるならば土居の「甘え」論になるであろう。その点で土居は徹底していて内村鑑三にも「甘えの構造」を見出して英文による発表もある。同論文を筆者（鈴木）は直接頂戴した。

野上弥生子『森』（新潮社、一九八五）

作家。一八八五―一九九五。大分県出身。本書は、著者の最後の著作であるが、完成直前に世を去った。入学した明治女学校をモデルとした日本女学院の描写から始まる自伝的小説である。同校の校長岡本直巳（モデルは巖本善治。以下、同）を始め、山下粛雨（木下尚江）、河本香村（島崎藤村）、青木駿一（北村透谷）、篠原健（荻原碌山）、池田薫（相馬黒光）らに加え、内村鑑三は本名で登場する。まさに日本キリスト教史を生きた著者による大河小説である。そのため、聖書用語はかなり多く用いられていて、本書の用例として省略した語句も少なくない。

実は、没後、単行本として刊行するにあたり、新潮社の編集者からの依頼により、初稿を通読する機会があった。小説であるから事実と異なってもよいのだが、妙なところは正したいとの要望であった。それにより幾つか感想を書いて渡した結果、若干手入れがなされたと聞いている。

大江健三郎『静かな生活』（講談社、一九九〇）

作家。一九三五―。愛媛県出身。東京大学在学中の一九五八年に作品「飼育」により芥川賞を受賞。一九九四年、ノーベル文学賞を受賞。作品『洪水はわが魂に及び』（一九七三）などをはじめ、聖書にヒントを受けた作品は少なくない。

永六輔『大往生』（岩波新書、一九九四）

音楽家、放送作家。一九三三—二〇一六。本名永孝雄。東京出身。一九五二年、早稲田大学第二文学部に入学するが、まもなく中退。作詞家として「黒い花びら」「夢であいましょう」「上を向いて歩こう」「遠くへ行きたい」など数多くの作品を中村八大作曲により遺した。また、叙勲制、死刑制、天皇制には反対した。

日野原重明『あるがまま行く』（朝日新聞社、二〇〇五）

医師。一九一一—二〇一七。山口県出身。一九三七年、京都帝国大学医学部卒業。一九四一年より聖路加国際病院に内科医として勤務。のち同病院院長を務め、また聖路加看護大学の学長にも就く。本書は『朝日新聞』土曜版に二〇〇二年一〇月から二〇〇四年五月まで毎週一回連載されたもの。聖路加看護大学は、日本で最初の看護系大学として創立され、学科目に加えられた宗教学を筆者（鈴木）も非常勤講師として担当、この間、時々学長の著者とも接した。

藤原正彦『国家の品格』（新潮社、二〇〇五）

数学者。一九四三年—。満州に生まれる。父寛人（筆名新田次郎）は気象台勤務。敗戦により母に連れられ帰国するが、その経緯は母藤原てい著『流れる星は生きている』（一九四九）にくわしい。東京大学理学部数学科卒業。コロラド大学助教授、お茶の水女子大学教授。

水村美苗『日本語が亡びるとき——英語の世紀の中で』（筑摩書房、二〇〇八）

評論家。一九五一年—。東京出身。一二歳のとき家族にしたがってニューヨークで生活。イェール大学に学ぶ。プリンストン大学で日本近代文学を担当。本書は衝撃的な題名のために話題になったが、決して題名だけでなく、世界の言語がインターネットと英語による支配が加速化される状況のなかにあって、だれもが少しは体感している事実であろう。そのなかにあって、著者は最後に繰り返し説いている。「日本の国語教育はまずは日本近代文学を読み継がせるのに主眼を置くべきである」と。

あとがき

本書の計画は、『聖書の日本語――翻訳の歴史』（岩波書店、二〇〇六）の刊行時から抱いていたから、気がつけば、それ以来一二年もの間にわたり抱きつづけた懸案事項になる。同書では、わずかに「聖書語の日本語化」と題して二頁ほど記したに過ぎず、収めた言葉も二〇数語にとどまった。その後、関連する書物として『文語訳聖書を読む――名句と用例』（ちくま学芸文庫、二〇一九）を公刊したが、同書では、むしろ文語訳聖書が今なお愛用されている「魅力」に比重が置かれ、聖書語は、それを例証する幾つかの文例、それも成句に限られた。その意味では本書が、真正面から「日本語になった聖書語」に取り組んだ書物となった。

その材料としては、日本の近代における、いわゆるベストセラー数十冊を選んだ。理由は、文字通りよく読まれていることにより、一般的な書物の代表とみなし、「日本語化」の判断材料に適しているとみたためである。作業を進めるにしたがい、実をいうと、もとは聖書語でありながら、作者も本書の筆者自身も気付かずに使ったり読み流している言葉が少なくないことが判明した。それこそ「聖書語の日本語化」にほかならない。それとともに日本語化の作用と結果も考え、その一部には言及したが、それは、まだまだ今後の課題である。

思い起こせば、今から数十年前の一九七六年、『日本キリスト教歴史大事典』（教文館、一九八八年刊）の最初の編集会議が開催された時にさかのぼる。編集委員長は海老沢有道氏であった。その席上、同じ編集委員の加藤常昭氏が私の方を向いて言われた発言がいまだに忘れられない。それは、原稿執筆に際し、たとえキリスト教用語、聖書用語であっても、日本のキリスト教における宗教学的な説明を期待するという内容だった。しかし、実際には数多くの人名項目の執筆に忙殺されて、その発言に応じる余裕がなかった。そのことは長年宿題として気がかりのまま数十年近い年月が過ぎた。今回の本書の内容が、いくらかでも、そのときの加藤氏の発言に応じたものであることを念じてやまない。

なお、筆者の学問的経歴を振り返るならば、宗教学宗教史学という研究室において、人文科学としての宗教研究をきびしく問われる環境において育てられたことである。研究室の発表のなかで受ける最大の批判（非難）は主観性であり、「それでは神学である」との評価であった。このために学問的な内容のなかに主観的、個人的な言及は極度に抑えられてきた。したがって、筆者もいつの間にか、そのような姿勢が習性になっていた。しかし、本書においては、その長年の自己規制を、あえて逸脱する言及が認められるかもしれない。その当否はともかく、おことわりしておきたい。

本書の公刊にあたっては、二〇二〇年に監修および編者として『日本キリスト教歴史人名事典』の刊行にあずかった教文館のお世話になった。同事典には文学者をはじめ意外な人名が発見されるであろうが、そのような人々を含めて同事典に掲載された人々こそ、まさに「聖書語の日本語化」のにない手であったのである。あわせて渡部満社長をはじめ、出版部の高橋真人課長、倉澤智子さんをはじめとする関係者の方々に心から御礼申し上げたい。

二〇二三年初春

付録　旧約聖書目次対照表

旧約全書（元版、1888）	旧約聖書（改訂版、1914）	旧約聖書（口語訳、1955）	旧約聖書（新共同訳、1987／聖書協会共同訳、2018）
創世記	創世記	創世記	創世記
出埃及記	出埃及記	出エジプト記	出エジプト記
利未紀略	利未紀略	レビ記	レビ記
民数記略	民数記略	民数記	民数記
申命記	申命記	申命記	申命記
約書亜記	約書亜記	ヨシュア記	ヨシュア記
士師記	士師記	士師記	士師記
路得記	路得記	ルツ記	ルツ記
撒母耳前後書	撒母耳前後書	サムエル記上下	サムエル記上下
列王紀略上下	列王紀略上下	列王紀上下	列王記上下
歴代志略上下	歴代志略上下	歴代志上下	歴代誌上下
以士喇記	以士喇記	エズラ記	エズラ記
尼希米亜記	尼希米亜記	ネヘミヤ記	ネヘミヤ記
以士帖記	以士帖記	エステル記	エステル記
約百記	約百記	ヨブ記	ヨブ記
詩篇	詩篇	詩篇	詩編
箴言	箴言	箴言	箴言
伝道之書	伝道之書	伝道の書	コヘレトの言葉
雅歌	雅歌	雅歌	雅歌
以賽亜	以賽亜書	イザヤ書	イザヤ書
耶利米亜細	耶利米亜細書	エレミヤ書	エレミヤ書
哀歌	耶利米亜細哀歌	哀歌	哀歌
以西結	以西結書	エゼキエル書	エゼキエル書
丹以理	丹以理書	ダニエル書	ダニエル書
何西亜	何西亜書	ホセア書	ホセア書
約耳	約耳	ヨエル書	ヨエル書
亜摩士	亜摩士書	アモス書	アモス書
阿巴底亜	阿巴底亜書	オバデヤ書	オバデヤ書
約拿	約拿書	ヨナ書	ヨナ書
米迦	米迦書	ミカ書	ミカ書
拿翁	拿翁書	ナホム書	ナホム書
哈巴谷	哈巴谷書	ハバクク書	ハバクク書
西番雅	西番雅書	ゼパニヤ書	ゼファニヤ書
哈基	哈基書	ハガイ書	ハガイ書
撒加利亜	撒加利亜書	ゼカリヤ書	ゼカリヤ書
馬拉基	馬拉基書	マラキ書	マラキ書

索引

聖書語

索　引

聖　書

人　名

ア

イ

ウ

エ

オ

カ

キ

ク

コ

サ

シ

ス

セ

ソ

タ

チ

ツ

テ

ト

ナ

ニ

ノ

ハ

ヒ

フ

《著者紹介》

鈴木範久（すずき・のりひさ）

1935年生まれ。専攻、宗教学宗教史学。立教大学名誉教授。

著　書　『明治宗教思潮の研究』（東京大学出版会、1979）、『内村鑑三』（岩波新書、1984）、『内村鑑三日録』全12巻（教文館、1993-99）、『聖書の日本語』（岩波書店、2006）、『内村鑑三の人と思想』（岩波書店、2012）、『日本キリスト教史――年表で読む』（教文館、2017）、『聖書を読んだ30人――夏目漱石から山本五十六まで』（日本聖書協会、2017）、『文語訳聖書を読む――名句と用例』（ちくま学芸文庫、2019）、『内村鑑三交流事典』（同、2020）ほか。

編　集　『内村鑑三全集』全40巻（岩波書店、1980-84）ほか。

監　修　『日本キリスト教歴史大事典』（教文館、2020）。

翻　訳　内村鑑三『代表的日本人』（岩波文庫、1995）など。

聖書語から日本語へ

2023年2月28日　初版発行

著　者　鈴木範久
発行者　渡部　満
発行所　株式会社　教文館
〒104-0061 東京都中央区銀座4-5-1
電話 03(3561)5549　FAX 03(3250)5107
URL　http://www.kyobunkwan.co.jp/publishing/

印刷所　モリモト印刷株式会社
配給元　日キ販　〒162-0814 東京都新宿区新小川町9-1
電話 03(3260)5670　FAX 03(3260)5637

ISBN　978-4-7642-6167-9　Printed in Japan